Drinks
JUNGE KÜCHE

Compact Verlag

Abkürzungen

EL	Esslöffel	TK	Tiefkühl...
TL	Teelöffel	kcal	Kilokalorien
BL	Barlöffel	kJ	Kilojoule
kg	Kilogramm	Alk	Alkohol
g	Gramm	EW	Eiweiß
mg	Milligramm	F	Fett
l	Liter	KH	Kohlenhydrate
ml	Milliliter	Bd.	Bund
cl	Zentiliter	Msp.	Messerspitze
gestr.	gestrichen	1 kJ = 0,239 kcal	
geh.	gehäuft	1 kcal = 4,184 kJ	

Die Rezepte sind, wenn nicht anders angegeben, für 1 Person, die Nährwert- und Energieangaben sind für 1 Drink bzw. 1 Person berechnet.

Impressum

© 2007 Compact Verlag München

Alle Rechte vorbehalten. Nachdruck, auch auszugsweise, nur mit ausdrücklicher Genehmigung des Verlages gestattet. Alle Angaben wurden sorgfältig recherchiert, eine Garantie kann jedoch nicht übernommen werden.

Chefredaktion: Dr. Angela Sendlinger
Redaktion: Natalie Lambertz
Produktion: Wolfram Friedrich
Umschlaggestaltung und Layout: Regina Rechter

ISBN 978-3-8174-6152-3
5361521

Besuchen Sie uns im Internet: www.compactverlag.de

Inhaltsverzeichnis

Klassische Cocktails 5

Trendy Cocktails 21

Süße Shakes 35

Fruchtige Drinks & Smoothies 49

Drinks & Smoothies aus Gemüse 65

Extra

Die Welt der Mixgetränke 6

Erfrischendes für den Sommer 54

Geeister Zitronencocktail mit Gin

[Abb. Cover]

FÜR 4 DRINKS:
6 Zitronen (unbehandelt)
300 g Zucker
Zitronenspalte und Zucker für die Gläser
8 cl Gin

> 2 Zitronen heiß abwaschen, trocken tupfen und die Schale fein abreiben. Alle Zitronen auspressen. 400 ml lauwarmes Wasser abmessen, mit dem Zucker in einen Topf geben und das Ganze erhitzen, bis der Zucker sich aufgelöst hat. Zitronensaft dazugeben.

> Zitronen-Zucker-Wasser in eine Metallschale füllen und ins Gefrierfach stellen. 4 Stunden gefrieren lassen, dabei jede Stunde mit einem Löffel gut durchrühren, damit keine Kristalle entstehen.

> Äußeren Rand von 4 Cocktailgläsern mit der Zitronenspalte einreiben und anschließend kurz in Zucker tauchen. Das Zitronensorbet einfüllen, etwas antauen lassen und jeweils 2 cl Gin darübergießen. Sofort servieren.

> Nährwerte pro Drink:
438 kcal, 1833 kJ, 8 g Alk, 1 g EW, 91 g KH

Eine perlende Abwandlung dieses Drinks kann mit Champagner oder Sekt zubereitet werden. Dabei schmeckt der Cocktail nicht nur, wenn man das Sorbet im Glas mit dem Alkohol übergießt, sondern auch wenn man es bereits damit anreichert. Für 4 Portionen 350 ml Champagner mit 125 g Zucker 5 Minuten sprudelnd aufkochen, dann Zitronensaft dazugeben und wie im Rezept weiterverarbeiten.

Klassische Cocktails

JUNGE KÜCHE

COCKTAILS

Die Welt der Mixgetränke

Cocktails kennt doch jeder! Aber wissen Sie auch, welche Unterschiede es gibt und wie man zielsicher erkennen kann, um welchen Cocktail es sich handelt?

Am bekanntesten sind die Bezeichnungen Shortdrink und Longdrink. Hierbei handelt es sich um Cocktails, die aus 3 – 5 cl (Shortdrink) bzw. 4 – 7 cl (Longdrink) Basisspirituosen bestehen und je nach Größe der Gläser mit sogenannten »Fillern« aufgefüllt werden. In der Regel bilden Rum, Wodka, Whisk(e)y, Gin, Tequila, Wermut, Campari und Likör die Basisspirituosen, mit Säften, Limonaden, Soda oder alkoholfreien Bittergetränken werden die Drinks aufgefüllt. Sahne, Zitronen- bzw. Limettensaft, Sirup oder Aromaträger wie Minze, Ingwer etc. geben den Drinks ihre spezielle Note.

Zur Kategorie der Shortdrinks gehören z. B. Aperitifs und Digestifs bzw. Pre-Dinner-Cocktails und After-Dinner-Cocktails. Auch Shooter, Drinks mit 4 cl Alkohol, die man üblicherweise auf ex trinkt, oder Flips, Cocktails, die mit frischem Eigelb geschüttelt werden, zählen zu dieser Kategorie. Serviert werden die Shortdrinks je nach Füllmenge in Cocktail- und Margaritaschalen, Tumblern, Whiskygläsern, Old Fashioned Gläsern, Stampern und Sektgläsern.

Die Gruppe der Longdrinks ist umfassender. Serviert werden sie in schnörkellosen Longdrinkgläsern unterschiedlicher Form und Größe. Die einfachen Longdrinks, die aus einer Basisspirituose von 4 cl und dem Filler bestehen, fungieren meist als Durstlöscher. Klassische einfache Longdrinks sind Cuba Libre, Wodka Lemon oder Harvey Wallbanger. Fizzes, Collins und Sours sind Drinks, die in einem festgelegten Verhältnis von Alkohol, Zitronensaft und Zucker zubereitet werden. Fizzes bestehen aus 4 cl Alkohol, 2 cl Zitronensaft sowie 1 cl Läuterzucker und werden geschüttelt. Der Anteil des Zitronensafts beim Collins ist höher: er beträgt 3 cl. Der Cocktail wird jedoch nicht geschüttelt, sondern gebaut, d. h. die Flüssigkeiten werden nacheinander in das Glas gegeben, ohne dass sie sich vermischen. Der Sour wiederum wird geschüttelt: 5 cl Alkohol, 4 cl Zitronensaft und 2 cl Läuterzucker. Fizzes und Collins werden zusätzlich mit Soda aufgefüllt, beim Sour ist dies optional.

Auch Juleps zählen zu den Longdrinks. Sie basieren auf 4 – 6 cl Rum, Brandy, Gin oder Whisk(e)y, Minzeblättern, Zucker und Zitronensaft. Minzeblätter, Zucker und Zitronensaft werden im Glas zerdrückt, Crushed Ice wird dazugegeben und dann wird der Alkohol darübergegossen und eingerührt. Zum Schluss füllt man den Cocktail nach Belieben mit Soda, Ginger Ale, Champagner etc. auf.

Neben Short- und Longdrinks zählen auch die Fancy Cocktails zu den Mixgetränken. Sie werden aus unterschiedlichen Zutaten gemixt, wobei das Spiel mit Farben besonders wichtig ist. Entsprechend bunt und üppig ist die Dekoration der bauchigen Gläser: Fruchtspieße, Blüten, Strohhalme, frische Kräuter, Zitrusfruchtschalen.

Martini Dry

> 1 Handvoll Eiswürfel in ein Rührglas geben, 2 cl Noilly Prat und 4 cl Gin abmessen und dazugeben. Mit einem Barlöffel kräftig vermischen.

> Drink über ein Barsieb in eine Cocktailschale abseihen und mit grünen Oliven sowie einem Stirrer garniert servieren.

Orangenflip

> 1 Handvoll Eiswürfel in den Shaker geben. 4 cl braunen Rum (40 Vol.-%), 1 cl Orangenlikör, 2 cl Läuterzucker und 4 cl Sahne abmessen und dazugeben. Zum Schluss 1 frisches Eigelb hinzufügen und das Ganze einige Sekunden kräftig schütteln.

> Flip über ein Barsieb in ein Sektglas abseihen. Etwas frische Muskatnuss darüberreiben und servieren.

Roter Mojito

> 2 – 3 Stängel Minze waschen und trocken schütteln. Mit 2 TL braunem Zucker, 1 EL gemischten frischen oder aufgetauten Beeren und 1 Schuss Soda in das Longdrinkglas geben.

> ½ unbehandelte Limette heiß waschen, abtrocknen und in Viertel schneiden. Den Limettensaft über dem Glas ausdrücken, die Spalten hinzufügen und das Ganze mit einem Stößel zerdrücken.

> Longdrinkglas mit Crushed Ice auffüllen, 6 cl weißen Rum und 4 cl Erdbeersirup dazugießen und vorsichtig mit einem Barlöffel umrühren. Nach Belieben mit Soda auffüllen und mit frischer Minze garniert servieren.

Dieser Cocktail ist eine fruchtig-süße Variante des erfrischend säuerlichen Originals, das aus Limette, Minze, Zucker und weißem Rum besteht. Für 1 Glas 1 unbehandelte Limette achteln, mit 2 EL braunem Zucker und 7 Minzeblättern im Glas zerdrücken, 4 cl Rum und nach Bedarf 2 cl Limettensaft dazugeben, umrühren und Crushed Ice hinzufügen. Mit Soda auffüllen.

KLASSISCHE COCKTAILS

Frozen Margarita [Abb. hinten]

FÜR 1 DRINK:
1 Zitronenspalte
Salz
4 cl weißer Tequila
3 cl Zitronensaft
1 cl Cointreau
Crushed Ice

> Zitronenspalte am äußeren Rand der Margaritaschale entlangführen, Salz auf einen kleinen Teller geben und den feuchten Glasrand im Salz drehen. Dabei sollte sich ausschließlich am äußeren Glasrand Salz befinden.

> Tequila, Zitronensaft, Cointreau und Crushed Ice in den Standmixer geben und zu einer homogenen Masse pürieren. Margarita vorsichtig in die Schale füllen und servieren.

> Nährwerte pro Drink:
139 kcal, 582 kJ, 13 g Alk, 0 g EW, 11 g KH

Frozen Strawberry Margarita [Abb. Mitte]

FÜR 1 DRINK:
5 frische Erdbeeren
4 cl weißer Tequila
2 cl Zitronensaft
2 cl Erdbeersirup
Crushed Ice

> Erdbeeren waschen, putzen und mit Tequila, Zitronensaft, Erdbeersirup und Crushed Ice in den Standmixer geben und gut durchpürieren.

> Strawberry Margarita in die Margaritaschale füllen und servieren.

> Nährwerte pro Drink:
184 kcal, 770 kJ, 11 g Alk, 1 g EW, 24 g KH

Als Deko empfiehlt sich, das Glas mit einem Zuckerrand zu versehen und mit Erdbeerblättern oder 1 frischen Erdbeere zu garnieren.

Frozen Mango Margarita [Abb. vorne]

FÜR 1 DRINK:
¼ frische Mango
4 cl weißer Tequila
3 cl Zitronensaft
1 cl Cointreau
Crushed Ice

> Mango schälen, vom Stein befreien und das Fruchtfleisch mit Tequila, Zitronensaft, Cointreau und Crushed Ice in den Mixer geben. Das Ganze gut pürieren.

> Cocktail in die Margaritaschale füllen und servieren.

> Nährwerte pro Drink:
158 kcal, 661 kJ, 13 g Alk, 0 g EW, 15 g KH

KLASSISCHE COCKTAILS

Cuba Libre [Abb.]

FÜR 1 DRINK:
1 Limette (unbehandelt)
Eiswürfel
4 cl Bacardi Carta Blanca
Coca Cola zum Auffüllen

> Limette waschen, trocken tupfen, halbieren, den Saft einer Hälfte auspressen und die andere in Viertel schneiden.

> Longdrinkglas zu ¾ mit Eiswürfeln füllen, weißen Rum und Limettensaft darübergießen. Limettenspalten hinzufügen und das Ganze mit Cola auffüllen.

> Nährwerte pro Drink:
191 kcal, 799 kJ, 13 g Alk, 2 g EW, 14 g KH

Cuba Libre ist ein »Highball« – ein Mixgetränk, bei dem die Basisspirituose mit einem kohlensäurehaltigen Getränk zu einem erfrischenden Cocktail aufgefüllt wird. Im Gegensatz zu »Fancy Cocktails« garniert man diese Drinks bzw. Gläser minimal.

Tom Collins [erfrischend]

FÜR 1 DRINK:
Eiswürfel
4 cl Gin
3 cl Zitronensaft
1 cl Läuterzucker
Soda
2 Cocktailkirschen
1 Zitronenscheibe

> Longdrinkglas zu ¾ mit Eiswürfeln füllen, anschließend Gin, Zitronensaft und Läuterzucker nach und nach daraufgießen. Das Ganze mit Soda auffüllen.

> Cocktailkirschen ins Glas geben, Zitronenscheibe bis zur Hälfte einschneiden, auf den Glasrand stecken und servieren.

> Nährwerte pro Drink:
311 kcal, 1301 kJ, 15 g Alk, 1 g EW, 48 g KH

Läuterzucker, auch Zuckersirup genannt, kann man als Fertigprodukt im Handel kaufen. Er lässt sich aber auch einfach selber herstellen – vor allem, wenn man gerne und regelmäßig Cocktails mixt. 1 l Wasser zum Kochen bringen, 1 kg Zucker unter Rühren dazugeben und warten, bis sich der Zucker aufgelöst hat. Sirup mithilfe eines Trichters in eine Flasche füllen, so haben Sie für die nächsten Cocktailabende einen ausreichenden Vorrat.

KLASSISCHE COCKTAILS

White Russian [Abb.]

FÜR 1 DRINK:
Eiswürfel
3 cl Wodka
2 cl Kahlua
2 cl Sahne
Kaffeepulver

> Eiswürfel in ein Rührglas geben, Wodka und Kahlua dazugeben und gut verrühren. Wodka-Kahlua-Mischung über ein Barsieb in die Cocktailschale abseihen.

> Sahne blenden bzw. halbsteif schlagen und vorsichtig auf den Drink geben. Nach Wunsch mit Kaffeepulver bestreut servieren.

> Nährwerte pro Drink:
191 kcal, 799 kJ, 14 g Alk, 1 g EW, 8 g KH

Amerikanische Version: Sahne durch 4 cl Milch ersetzen, die Zutaten in einen Shaker geben, das Ganze gut schütteln und in einem Tumbler auf Eis – »on the rocks« – servieren.

Mint Julep [Filmstar]

FÜR 1 DRINK:
4 Stängel Minze
1 TL brauner Zucker
Soda, Crushed Ice
6 cl Bourbon Whiskey
1 Spritzer Angostura

> Minze waschen, trocken schütteln, Blätter von 3 Stängeln abzupfen und mit dem Zucker sowie etwas Soda im Longdrinkglas mit einem Stößel zerdrücken und umrühren.

> Glas zur Hälfte mit Crushed Ice füllen und umrühren, bis das Glas beschlagen ist. Whiskey und Angostura darübergießen. Das Ganze kurz verrühren, bis zum Rand mit Crushed Ice auffüllen, nochmals durchrühren und mit Minzestängel servieren.

> Nährwerte pro Drink:
206 kcal, 862 kJ, 22 g Alk, 1 g EW, 12 g KH

Nicht nur beliebt beim Kentucky Derby, sondern auch in der Filmbranche: Ohne Mint Julep geht es auch in »Goldfinger«, »Vom Winde verweht« oder »Der große Gatsby« nicht.

Daiquiri [Abb.]

FÜR 1 DRINK:
Eiswürfel
4 cl weißer Rum
2 cl Zitronensaft
1 cl Läuterzucker
Limettenscheiben

> Eiswürfel in den Shaker geben, Rum, Zitronensaft und Läuterzucker dazugeben und das Ganze kräftig schütteln.

> Daiquiri über ein Barsieb in die Cocktailschale abseihen, Limettenscheiben ins Glas geben und den Drink servieren.

> Nährwerte pro Drink:
156 kcal, 653 kJ, 13 g Alk, 0 g EW, 12 g KH

Daiquiri ist ein klassischer Shortdrink, den es in zwei weiteren beliebten Varianten gibt: der Pink Daiquiri wird statt mit Läuterzucker mit Grenadinesirup zubereitet. Der Daiquiri american wird in einem Tumbler »on the rocks« serviert.

Bloody Mary [Katerkiller]

FÜR 1 DRINK:
Eiswürfel
4 cl Wodka
1 cl Zitronensaft
12 cl Tomatensaft
1 Spritzer Worcestersauce
1 Spritzer Tabasco
1 Stück Stangensellerie
Salz, Pfeffer

> Auf Wunsch einige Eiswürfel in das Longdrinkglas geben, Wodka, Zitronen- und Tomatensaft sowie Worcestersauce und Tabasco daraufgeben und mit einem Barlöffel umrühren.

> Sellerie putzen, waschen und mit Grün ins Glas stellen. Cocktail mit Salz und Pfeffer servieren.

> Nährwerte pro Drink:
139 kcal, 582 kJ, 13 g Alk, 1 g EW, 7 g KH

Bloody Mary ist ein typischer Pick-me-up-Cocktail, ein scharf gewürzter Katerkiller auf der Basis von Tomatensaft. Neben der Selleriestange garniert man den Drink häufig auch mit einem Spieß mit Cocktailtomaten.

Campari Orange [Aperitif]

FÜR 1 DRINK:
Eiswürfel
4 cl Campari
Orangensaft zum Auffüllen
½ Orangenscheibe

> 1 Handvoll Eiswürfel in das Longdrinkglas geben, Campari daraufgießen und das Ganze mit Orangensaft auffüllen. Orangenscheibe nach Wunsch ins Glas geben oder bis zur Hälfte einschneiden und auf den Glasrand stecken.

> Nährwerte pro Drink:
185 kcal, 777 kJ, 10 g Alk, 1 g EW, 26 g KH

KLASSISCHE COCKTAILS

Tequila Sunrise I [Abb.]

> Orange und Basilikum waschen, abtrocknen und Orange in Spalten schneiden.

> Longdrinkglas zu ¾ mit Crushed Ice füllen, Grenadinesirup langsam über das Eis ins Glas laufen lassen. Dabei sollte möglichst nichts an den Glasrand gelangen.

> Fanta Orange und Tequila nacheinander ebenfalls vorsichtig über das Eis ins Glas geben, sodass die Farbe von unten nach oben aufgebaut wird.

> Orangespalten auf einen Stirrer stecken und mit Basilikum ins Glas geben.

> Nährwerte pro Drink:
194 kcal, 812 kJ, 13 g Alk, 1g EW, 23 g KH

FÜR 1 DRINK:
¼ Orange (unbehandelt)
Basilikum
Crushed Ice
1 cl Grenadinesirup
120 ml Fanta Orange
5 cl weißer Tequila

Das Original wird mit Zitronen- und Orangensaft statt Fanta hergestellt. Das Crushed Ice kann man durch Eiswürfel ersetzen. Eine raffinierte Variante des Tequila Sunrise wird aus 1 cl Grenadinesirup, 2 cl Cointreau, 1 cl Limettensaft und 4 cl Tequila aufgebaut.

Whiskey Sour [nicht nur für Männerabende]

> Shaker zu ⅓ mit Eiswürfeln füllen, Whiskey, Zitronensaft sowie Läuterzucker dazugeben und das Ganze kräftig schütteln. Über das Barsieb in einen Tumbler abseihen und mit einem Schuss Soda abrunden.

> Orangen- und Zitronenscheibe mit den Kirschen auf einen Stirrer stecken und quer über den Glasrand legen bzw. ins Glas hängen.

> Nährwerte pro Drink:
385 kcal, 1611 kJ, 18 g Alk, 1 g EW, 60 g KH

FÜR 1 DRINK:
Eiswürfel
5 cl Bourbon Whiskey
4 cl Zitronensaft
2 cl Läuterzucker
Soda
je ½ Orangen- und Zitronenscheibe
2 Cocktailkirschen

Das kann man dazu reichen: Frischkäsecracker. Für 20 Stück 100 g Frischkäse, 100 g Schafskäse und 1 klein gehackte rote Peperoni mit 2 gehackten Frühlingszwiebeln vermengen und mit Chili- sowie Kreuzkümmelpulver abschmecken. 1 Bd. Minze waschen, trocken schütteln, hacken und unter die Frischkäsemasse heben. 1 Stunde kalt stellen, dann auf Cracker verteilen.

Drinks
JUNGE KÜCHE

KLASSISCHE COCKTAILS

Tip Top [Abb.]

FÜR 1 DRINK:
Eiswürfel
4 cl brauner Rum
4 cl Bananensaft
4 cl Maracujanektar
2 cl Zitronensaft
2 Bananenscheiben
1 Stängel Melisse

> 1 Handvoll Eiswürfel in den Shaker geben, Rum und Säfte dazugeben und das Ganze kräftig schütteln. Drink über ein Barsieb in das Longdrinkglas abseihen.

> Bananenscheiben bis zur Hälfte einschneiden und auf den Glasrand stecken. Melisse waschen, trocken tupfen und das Glas damit garnieren.

> Nährwerte pro Drink:
197 kcal, 824 kJ, 13 g Alk, 2 g EW, 21 g KH

Gin Fizz [Evergreen]

FÜR 1 DRINK:
Eiswürfel
4 cl Gin
2 cl Zitronensaft
1 cl Läuterzucker
Soda
1 Zitronenscheibe
1 Cocktailkirsche

> Eiswürfel in den Shaker geben, Flüssigkeiten einmessen und das Ganze gut schütteln. Über ein Barsieb in ein Fizzglas abseihen und den Drink mit Soda auffüllen.

> Zitronenscheibe bis zur Hälfte einschneiden und auf den Glasrand stecken. Cocktailkirsche ins Glas geben. Diese Garnierung, als »Old Fashioned« bezeichnet, verwendet man immer bei säuerlichen Drinks.

> Nährwerte pro Drink:
235 kcal, 983 kJ, 15 g Alk, 0 g EW, 30 g KH

Kir Royal [königlich]

FÜR 1 DRINK:
Eiswürfel
1 cl Crème de Cassis
10 cl trockener Sekt, eisgekühlt
1 Rispe Johannisbeeren

> 1–2 Eiswürfel zum Kühlen einige Minuten in die Sektflöte geben, herausnehmen. Crème de Cassis in das Glas gießen und das Ganze mit Sekt auffüllen.

> Johannisbeeren waschen, abtropfen lassen und ins Glas geben.

> Nährwerte pro Drink:
173 kcal, 721 kJ, 22 g Alk, 1 g EW, 5 g KH

KLASSISCHE COCKTAILS

Long Island Iced Tea [Stimmungsmacher]

FÜR 1 DRINK:
Eiswürfel
je 1,5 cl weißer Rum,
Gin, Tequila, Wodka
und Triple Sec
2 cl Lemon Squash
Coca Cola
1 Karambole- oder
Zitronenscheibe

> 2 – 3 Eiswürfel in das Longdrinkglas geben, Alkoholika und Lemon Squash abmessen und nacheinander einfüllen. Das Ganze mit einem Barlöffel vorsichtig umrühren und dann mit Coca Cola auffüllen.

> Karambole- oder Zitronenscheibe bis zur Hälfte einschneiden und auf den Glasrand stecken. Mit 2 Strohhalmen servieren.

> Nährwerte pro Drink:
255 kcal, 1067 kJ, 22 g Alk, 2 g EW, 20 g KH

Traditionell wird dieser Longdrink aus allen weißen Basisspirituosen zubereitet. In vielen Bars bekommt man ihn aber auch mit braunem Rum. Wenn kein Triple Sec zur Hand ist, kein Problem! Cointreau schmeckt ebenso gut.

Harvey Wallbanger [Durstlöscher]

FÜR 1 DRINK:
Eiswürfel
4 cl Wodka
Orangensaft
2 cl Galliano
1 Orangenscheibe

> 2 – 3 Eiswürfel in das Longdrinkglas geben, Wodka darübergießen und mit Orangensaft auffüllen. Das Ganze umrühren und Galliano floaten.

> Orangenscheibe bis zur Hälfte einschneiden, auf den Glasrand stecken, einen Stirrer ins Glas stellen und servieren.

> Nährwerte pro Drink:
204 kcal, 854 kJ, 17 g Alk, 1 g EW, 18 g KH

Als Snack zu diesem Drink schmecken gefüllte Pflaumen in Weinteig. Für 10 Stück je 1 mittelscharfe Peperoni in eine entsteinte Pflaume stecken. 200 g Mehl und 200 ml Weißwein zu einem dickflüssigen Teig verrühren, mit Salz und Pfeffer abschmecken. Pflaumen durch den Teig ziehen und in heißem Öl ausbacken. Jede Pflaume auf einen Zahnstocher spießen und servieren.

Trendy Cocktails

JUNGE KÜCHE

TRENDY COCKTAILS

Kombuchacocktail mit Rum [Abb.]

FÜR 1 DRINK:
½ Limette (unbehandelt)
2 EL Crushed Ice
Eiswürfel
4 cl brauner Rum
10 cl Kombucha
4 cl Cranberrymark
1 Karambolescheibe
2 Kirschen mit Stiel

> Limette waschen, abtrocknen und in Spalten schneiden. In ein Whiskeyglas oder einen Tumbler geben, mit dem Stößel zerdrücken und Crushed Ice daraufgeben.

> 4–6 Eiswürfel in den Shaker geben, Rum, Kombucha und Cranberrymark dazugeben und das Ganze kräftig schütteln.

> Drink über ein Barsieb in das Glas abseihen und mit einem Barlöffel kurz durchrühren. Karambolescheibe bis zur Hälfte einschneiden, auf den Glasrand stecken und die Kirschen darüberhängen.

> Nährwerte pro Drink:
150 kcal, 628 kJ, 13 g Alk, 1 g EW, 7 g KH

B 52 [heiße Sache]

FÜR 1 DRINK:
2 cl Kahlua
2 cl Baileys
2 cl Rum (mind. 54 Vol.-%)

> Alkoholika nacheinander in das Aperitifglas gießen, dabei alles vorsichtig über den Rücken eines Barlöffels laufen lassen. Am Ende sollen 3 Schichten entstehen – unten braun, in der Mitte creme und oben klar hellbraun.

> Drink anzünden. Vor dem Servieren ausblasen und mit einem Strohhalm versehen.

> Nährwerte pro Drink:
152 kcal, 636 kJ, 15 g Alk, 0 g EW, 12 g KH

Tauschbörse: Der Rum wird auch gerne durch Orangenlikör, z. B. Grand Marnier, ersetzt.

Cosmopolitan [Kult aus NY]

FÜR 1 DRINK:
Crushed Ice, 2 cl Wodka
2 cl Cranberrysaft
1 cl Cointreau
1 cl Limettensaft
1 Limettenscheibe

> Crushed Ice in den Shaker geben, Zutaten abmessen und dazugeben. Das Ganze einige Sekunden kräftig schütteln.

> Drink über ein Barsieb in die Cocktailschale abseihen, Limettenscheibe hinzufügen und servieren.

> Nährwerte pro Drink:
96 kcal, 402 kJ, 10 g Alk, 0 g EW, 6 g KH

TRENDY COCKTAILS

Karibischer Zauber [Abb.]

FÜR 8 DRINKS:
2 Karambolen
3 EL Zucker
4 cl Grand Marnier
4 cl brauner Rum
1 Flasche trockener Weißwein
1 Flasche trockener Sekt

> Karambolen waschen und in dünne Scheiben schneiden. Die Früchte in ein Bowlengefäß geben und mit Zucker bestreuen.

> Grand Marnier sowie Rum darübergießen und den Ansatz zugedeckt für 2 Stunden kühl stellen. Wein dazugeben und das Ganze gut umrühren. Vor dem Servieren mit dem Sekt auffüllen.

> Nährwerte pro Drink:
200 kcal, 837 kJ, 21 g Alk, 12 g EW, 12 g KH

Eine schnelle Variante: Für 1 Drink je 0,5 cl Grand Marnier und braunen Rum mit Eiswürfeln in den Shaker geben und kräftig schütteln. Über ein Barsieb in eine Cocktailschale abseihen, Karambolescheiben hineingeben und mit je 9 cl Sekt und Weißwein auffüllen.

Singapore Sling [worldwide]

FÜR 1 DRINK:
Eiswürfel, 3 cl Gin
je 1 cl Cherry Brandy, Bénédictine, Cointreau und Angostura
3 cl Limettensaft
1 cl Grenadinesirup
6 cl Ananassaft
½ Ananasscheibe
1 Cocktailkirsche

> 4–6 Eiswürfel in den Shaker geben, alle flüssigen Zutaten dazugeben und das Ganze einige Sekunden kräftig schütteln.

> 1 Handvoll Eiswürfel zu Crushed Ice verarbeiten, das Longdrinkglas damit zu ⅓ füllen und den Cocktail über ein Barsieb in das Glas abseihen.

> Ananasscheibe halbieren, die Viertel einschneiden und beide Stücke auf den Glasrand stecken. Cocktailkirsche mit einem Stirrer aufspießen und anschließend durch die Ananasstücke stecken.

> Nährwerte pro Drink:
358 kcal, 1498 kJ, 19 g Alk, 1 g EW, 52 g KH

Ein passender Snack zu diesem Cocktail: scharfe Thunfischbällchen. 2 Dosen Thunfisch abtropfen lassen. Mit 1 klein gehackten Zwiebel, 1 Stück frisch geriebenem Ingwer, 2 Eiern und 3–4 EL Haferflocken vermischen. Mit Salz, Pfeffer und Chilipulver würzen. Aus der Masse Bällchen formen, in Sesam wenden und in heißem Öl knusprig ausbacken.

Drinks
JUNGE KÜCHE

TRENDY COCKTAILS

Roter Sundowner [Abb.]

> Himbeeren putzen, waschen, abtropfen lassen und mit dem Schneidstab pürieren. Anschließend durch ein Sieb streichen, um die Kerne aufzufangen.

> Pfirsichnektar, Zitronensaft und Rum in das Longdrinkglas geben, mit dem Barlöffel vorsichtig verrühren und dann das Ganze mit Sekt auffüllen. Das Himbeerpüree vorsichtig auf den Drink geben und nicht mehr umrühren.

> Nährwerte pro Drink:
227 kcal, 950 kJ, 19 g Alk, 2 g EW, 18 g KH

FÜR 1 DRINK:

10 frische Himbeeren
5 cl Pfirsichnektar
1 EL Zitronensaft
3 cl brauner Rum
Sekt zum Auffüllen

Der original »Sundowner« wird aus 3 cl Weinbrand, je 1 cl Mandarinenlikör, Orangen- und Zitronensaft im Shaker zubereitet. Als Garnierung steckt man Mandarinenspalten auf einen Spieß und stellt diesen ins Glas.

Mai Tai [fruchtig-süß]

> Früchte putzen, waschen, trocken tupfen und evtl. in Stücke schneiden. Crushed Ice und frische Früchte in ein Fancyglas geben. Restliche Zutaten bis auf den hochprozentigen Rum in den Shaker geben und das Ganze einige Sekunden kräftig schütteln.

> Drink in das vorbereitete Glas füllen und vorsichtig mit dem hochprozentigen Rum floaten. Mit Strohhalmen servieren.

> Nährwerte pro Drink:
359 kcal, 1502 kJ, 27 g Alk, 1 g EW, 38 g KH

FÜR 1 DRINK:

frische Früchte
Crushed Ice
3 cl brauner Rum
3 cl goldener Rum
2 cl Cointreau
1,5 cl Mandelsirup
4 cl Zitronensaft
6 cl Lemon Squash
1 cl Rum (73 Vol.-%)

Diesen Cocktail gibt es in zwei weiteren raffinierten Varianten: Der SALZA wird statt mit Rum mit 3 verschiedenen Tequilasorten zubereitet und anschließend mit Mezcal gefloatet. Beim KGB verwendet man Wodka und ersetzt den Mandelsirup durch Grenadinesirup.

Drinks
JUNGE KÜCHE

TRENDY COCKTAILS

Caipirissima [Abb.]

FÜR 1 DRINK:
1 kleine Limette (unbehandelt)
3 BL brauner Zucker
Eiswürfel
4 – 6 cl Bacardi Carta Blanca

> Limette waschen, trocken reiben, in Achtel schneiden und in den Tumbler geben. Zucker darüberstreuen und das Ganze mit dem Stößel gut zerdrücken.

> Glas zu ¾ mit Eiswürfeln füllen und dann den weißen Rum eingießen. Einen Stirrer hineingeben, kurz durchrühren und den Drink servieren.

> Nährwerte pro Drink:
331 kcal, 1385 kJ, 17 g Alk, 0 g EW, 45 g KH

Je nach Ergiebigkeit der Limette, sollte man zusätzlich Limettensaft in den Cocktail geben. Er wird beim Zerdrücken der Limette oder sofort im Anschluss zugefügt. Caipirinha, die große Schwester, wird ähnlich zubereitet: statt weißem Rum verwendet man Cachaça – brasilianischen Zuckerrohrbrand.

Chi-Chi [exotisch]

FÜR 1 DRINK:
Crushed Ice
4 cl Wodka
6 cl Ananassaft
2 cl Honig
4 cl Kokosmilch
1 Ananasspalte

> 1 Handvoll Crushed Ice in den Standmixer füllen. Wodka, Ananassaft, Honig und Kokosmilch dazugeben und das Ganze kräftig durchmischen.

> Cocktail in das Longdrink- oder Fancyglas füllen, Ananasspalte an den Glasrand stecken und mit einem Strohhalm servieren.

> Nährwerte pro Drink:
221 kcal, 883 kJ, 13 g Alk, 1 g EW, 28 g KH

Eine fruchtig-exotische Variante: 2 cl Zitronensaft hinzufügen und den Honig durch 2 cl Bananensaft ersetzen. Mit exotischen Blüten oder Cocktailkirschen lässt sich die Garnierung zusätzlich aufpeppen.

TRENDY COCKTAILS

Batida Jumbo [Abb.]

FÜR 1 DRINK:
1 Zitronenspalte
Kokosflocken
Eiswürfel
4 cl Cachaça
4 cl Batida de Coco
8 cl Ananassaft
2 cl Sahne

> Mit der Zitronenspalte am äußeren Rand des Fancyglases entlangfahren und den Glasrand anschließend in den Kokosflocken drehen.

> 1 Handvoll Eiswürfel in den Standmixer geben, Alkoholika, Ananassaft und Sahne dazugeben und das Ganze einige Sekunden kräftig durchmischen.

> 2 – 3 Eiswürfel in das vorbereitete Glas geben, Drink über das Barsieb abseihen und servieren.

> Nährwerte pro Drink:
322 kcal, 1347 kJ, 21 g Alk, 1 g EW, 24 g KH

Stylingtipp: Ananasspalte mit Schale an den Glasrand stecken, einen Stängel frische Minze waschen und zusammen mit einem Strohhalm ins Glas stellen.

Brandy Alexander [cremig]

FÜR 1 DRINK:
Eiswürfel
2 cl Crème de Cacao
2 cl Brandy
2 cl Sahne
Muskatnuss

> Einige Eiswürfel in die Cocktailschale geben, damit das Glas kalt wird.

> Crème de Cacao, Brandy und Sahne abmessen, in ein großes Glas geben und mit einem Stirrer durchrühren.

> Eiswürfel entfernen, Drink in die Cocktailschale füllen und frische Muskatnuss darüberreiben. Sofort servieren.

> Nährwerte pro Drink:
173 kcal, 724 kJ, 9 g Alk, 1 g EW, 13 g KH

Brandy Alexander ist ein cremig-süßer Cocktail, den man nach dem Essen – gerne auch als Ersatz für ein Dessert – reicht. Ist die Hausbar noch nicht so gut bestückt, schmeckt der Drink auch mit Cognac.

TRENDY COCKTAILS

Viking Melon [Abb.]

FÜR 1 DRINK:
Eiswürfel
4 cl VikingFjord Wodka
2 cl Melonenlikör
1 cl Limettensaft
2 Spritzer frischer Zitronensaft
2 Kumquats
1 Streifen Orangenschale (unbehandelt)

> 3–4 Eiswürfel in den Shaker geben, Wodka, Likör und Säfte einfüllen und das Ganze einige Sekunden kräftig schütteln.

> Drink über ein Barsieb in die Cocktailschale abseihen. Kumquats waschen, trocken tupfen, auf einen Holzstirrer stecken und ins Glas hängen. Orangenschale spiralförmig ebenfalls ins Glas hängen und servieren.

> Nährwerte pro Drink:
237 kcal, 992 kJ, 18 g Alk, 1 g EW, 25 g KH

Cocktailsnack: 24 Mini-Tomaten waschen, am Stielansatz kreisförmig einschneiden und die Kerne vorsichtig herauskratzen. Für die Füllung: 50 g saure Sahne, 125 g Mascarpone, 100 g Blauschimmelkäse und 1 EL Cognac cremig rühren. Mit Salz, Pfeffer sowie 1 Spritzer Zitronensaft abschmecken. Zum Schluss gehackte Petersilie unterheben. Creme in die Tomaten füllen und servieren.

Sparkling Blossom [Nervenkitzler]

FÜR 1 DRINK:
Eiswürfel
1 cl Grenadinesirup
7 cl Grapefruitsaft
4 cl Gin
Sekt zum Auffüllen
1 TL Granatapfelkerne

> 3–4 Eiswürfel in das Longdrinkglas geben und Grenadinesirup vorsichtig über die Eiswürfel ins Glas laufen lassen.

> Grapefruitsaft und Gin nacheinander vorsichtig über den Rücken des Barlöffels ins Glas laufen lassen. Das Ganze mit eiskaltem Sekt auffüllen.

> Drink mit Granatapfelkernen garnieren und nach Wunsch mit einem Strohhalm servieren.

> Nährwerte pro Drink:
262 kcal, 1096 kJ, 24 g Alk, 1 g EW, 20 g KH

1, 2, 3 und … fertig! Aus dem säuerlich prickelnden Cocktail wird ein süßer After-Dinner-Drink, wenn Sie 4 cl Grapefruitsaft durch die gleiche Menge Pfirsichsaft ersetzen.

Drinks
JUNGE KÜCHE

TRENDY COCKTAILS

Blue Lady [Pre-Dinner-Cocktail]

FÜR 1 DRINK:
1 Zitronenspalte
Zucker
Eiswürfel, 2 cl Gin
2 cl Blue Curaçao
2 cl Zitronensaft
1 Cocktailkirsche

> Mit der Zitronenspalte den äußeren Rand der Cocktailschale befeuchten, anschließend im Zucker drehen.

> Shaker zu $1/3$ mit Eiswürfeln füllen. Gin, Blue Curaçao und Zitronensaft hinzufügen und das Ganze einige Sekunden kräftig schütteln.

> Drink über ein Barsieb in das vorbereitete Glas abseihen, Cocktailkirsche hineingeben und servieren.

> Nährwerte pro Drink:
155 kcal, 649 kJ, 13 g Alk, 0 g EW, 14 g KH

Blue Lady ist ein fruchtig-lieblicher Crusta – so nennt man Cocktails, die in einem Glas mit Zuckerrand serviert werden.

Zombie [Partykracher]

FÜR 1 DRINK:
Crushed Ice
10 cl Rum (braun, weiß, golden)
2 cl Apricot Brandy
2 cl Grenadinesirup
4 cl Zitronensaft
Säfte zum Auffüllen
1 Ananasspalte
1 Cocktailkirsche

> Fancyglas zu $3/4$ mit Crushed Ice füllen. Alkoholika, Grenadinesirup und Zitronensaft dazugeben und mit einem Barlöffel gut umrühren. Dabei die freie Hand schützend über das Glas legen.

> Cocktail mit Säften nach Wunsch auffüllen. Ananasspalte an den Glasrand stecken, Cocktailkirsche ins Glas geben und mit Strohhalmen servieren.

> Nährwerte pro Drink:
430 kcal, 5143 kJ, 39 g Alk, 0 g EW, 37 g KH

»Zahmer« wird der Cocktail, wenn man auf den hochprozentigen Rum verzichtet. Bei den Säften kann man Orangen-, Ananas- oder Maracujasaft verwenden. Eine Abwandlung des Cocktails ist der BRAZIL: je 4 cl braunen Rum und Zitronensaft, je 2 cl Apricot Brandy und Grenadinesirup, 1 cl Läuterzucker sowie 6 cl Ananassaft shaken und im Fancyglas servieren.

Drinks
JUNGE KÜCHE

Süße Shakes

JUNGE KÜCHE

SÜSSE SHAKES

Himbeer-Minz-Shake [Abb.]

FÜR 4 SHAKES:
400 g Himbeeren
2 EL Puderzucker
400 g Joghurtalternative natur (z. B. von alpro soya)
50 ml Sojadrink mit Kalzium
Crushed Ice
2 TL Zitronensaft
2 EL brauner Zucker
6 Stängel frische Minze

> Himbeeren putzen, waschen und abtropfen lassen. 100 g Himbeeren mit 1 EL Puderzucker pürieren und beiseitestellen. Einige Himbeeren aufheben, die restlichen mit Joghurtalternative, Sojadrink, Eis, Zitronensaft, restlichem Puderzucker und braunem Zucker pürieren.

> Minze waschen, trocken tupfen und 4 Stängel beiseitestellen. Blätter der restlichen Stängel abzupfen, klein schneiden, unter die Himbeer-Joghurt-Masse rühren und alles kalt stellen.

> Himbeerpüree am Innenrand der Gläser hinunterlaufen lassen, Himbeer-Joghurt-Masse daraufgeben und die Shakes mit Himbeeren und Minzestängeln garnieren.

> Nährwerte pro Shake:
134 kcal, 563 kJ, 6 g EW, 3 g F, 19 g KH

Fruchtiger Mangoshake [Vitamin-C-haltig]

FÜR 4 SHAKES:
1 große Mango
1 rosa Grapefruit
300 ml Apfelsaft
300 ml Buttermilch
1 EL Honig
2 EL Zitronensaft
3 – 4 EL Zucker

> Mango schälen, Fruchtfleisch in dünnen Spalten vom Stein schneiden und bis auf 4 Spalten in Stücke schneiden. Grapefruit halbieren und auspressen. Grapefruit- und Apfelsaft mit den Mangostücken in den Mixer geben und pürieren. Buttermilch und Honig in den Mixer geben und das Ganze nochmals durchpürieren.

> Äußere Ränder der Cocktailschalen mit Zitronensaft befeuchten, in Zucker drehen, sodass ein Zuckerrand entsteht. Mangoshake in die Schalen füllen, je 1 Mangospalte an die Glasränder stecken und Shake servieren.

> Nährwerte pro Shake:
144 kcal, 602 kJ, 5 g EW, 1 g F, 26 g KH

Frische, gute Mangos sind nicht immer und überall erhältlich. Alternativ lässt sich dieser Shake auch aus Mangosaft oder Mangomark herstellen. Beides gibt es in Drogeriemärkten und Reformhäusern.

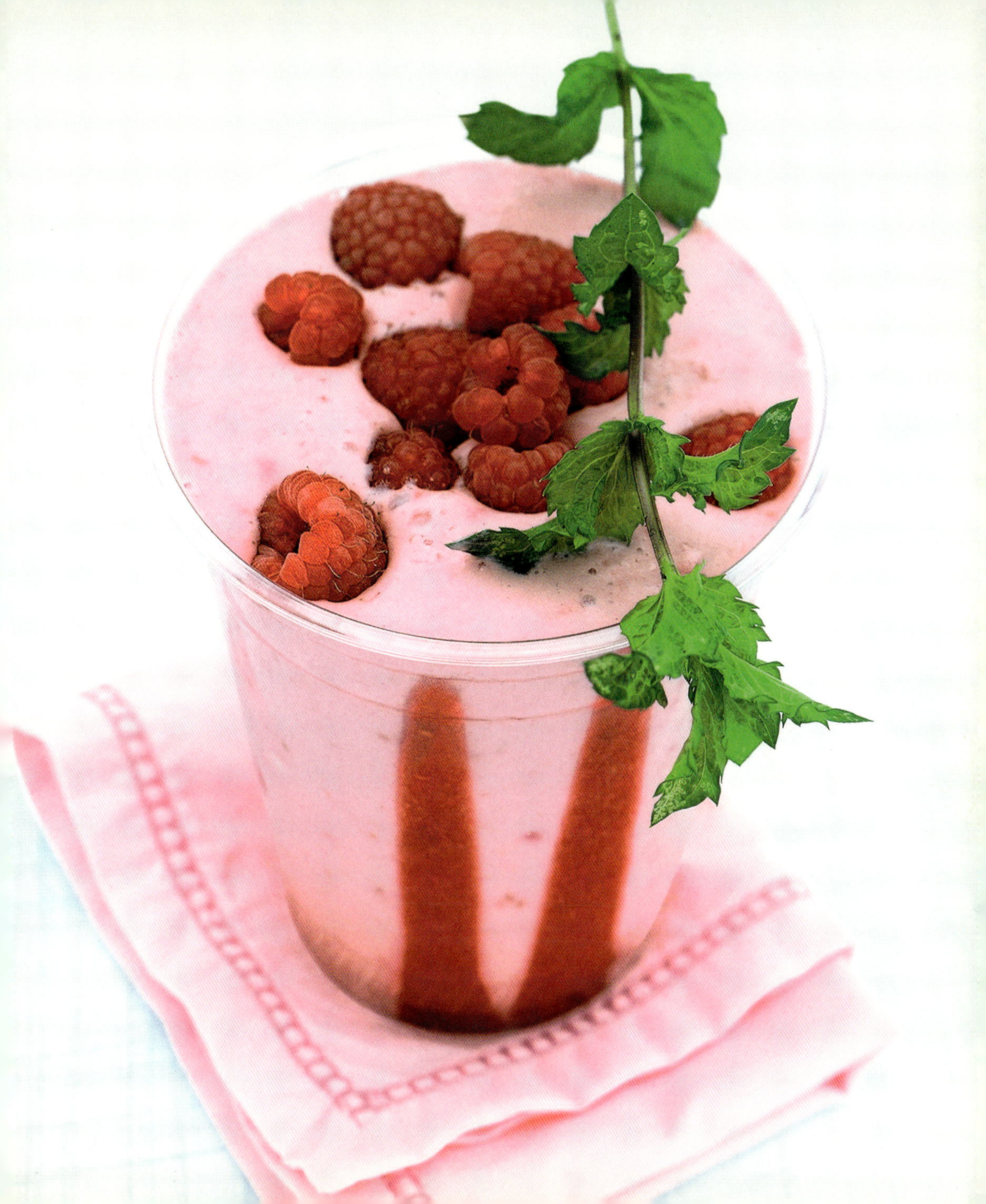

SÜSSE SHAKES

Vanilleshake mit Schokoeiswürfeln [Abb.]

FÜR 8 SHAKES:
4 EL Kakaopulver
1 l Vanilleeis
1 l Milch
8 EL Kölln Instant Flocken

> Kakaopulver in 1 l Wasser auflösen und in Eiswürfelbehälter füllen. Ins Tiefkühlfach geben und das Ganze 3–4 Stunden gefrieren lassen.

> Vanilleeis, Milch und Instant Flocken in den Mixer geben, zu einer cremigen Masse aufschäumen und kurz kalt stellen.

> Zum Servieren die Schokoeiswürfel aus dem Behälter drücken, in Longdrinkgläser verteilen und mit dem Vanilleshake auffüllen. Mit bunten Strohhalmen servieren.

> Nährwerte pro Shake:
479 kcal, 2012 kJ, 19 g EW, 19 g F, 58 g KH

Stylingtipp: Geben Sie das Kakaowasser in Eiswürfelformen, z. B. Sterne, Herzen, Ringe etc. Streuen Sie vor dem Servieren noch einige Schokoraspeln über den Shake, das intensiviert den Schokogeschmack.

Tutti-Frutti-Shake [fettarm]

FÜR 4 SHAKES:
1 ½ Äpfel
1 ½ Birnen
4 Aprikosen
½ l Magermilch
Eiswürfel

> Äpfel und Birnen waschen, je ½ Apfel und ½ Birne in 4 Spalten schneiden. Restlichen Apfel und Birne halbieren, vom Kerngehäuse befreien, schälen und in kleine Stücke schneiden. Aprikosen waschen, halbieren, vom Stein befreien und die Hälfte klein schneiden. Klein geschnittene Früchte in den Mixer geben und pürieren.

> Fruchtpüree mit der Magermilch und 8 Eiswürfeln in einen Shaker geben und gut schütteln. Apfel- und Birnenspalten halbieren und jeweils 2 Hälften mit 1 Aprikosenhälfte auf einen Holzstirrer stecken.

> Shake in Gläser füllen, Fruchtspieße quer über die Gläser legen und servieren.

> Nährwerte pro Shake:
87 kcal, 365 kJ, 5 g EW, 0 g F, 16 g KH

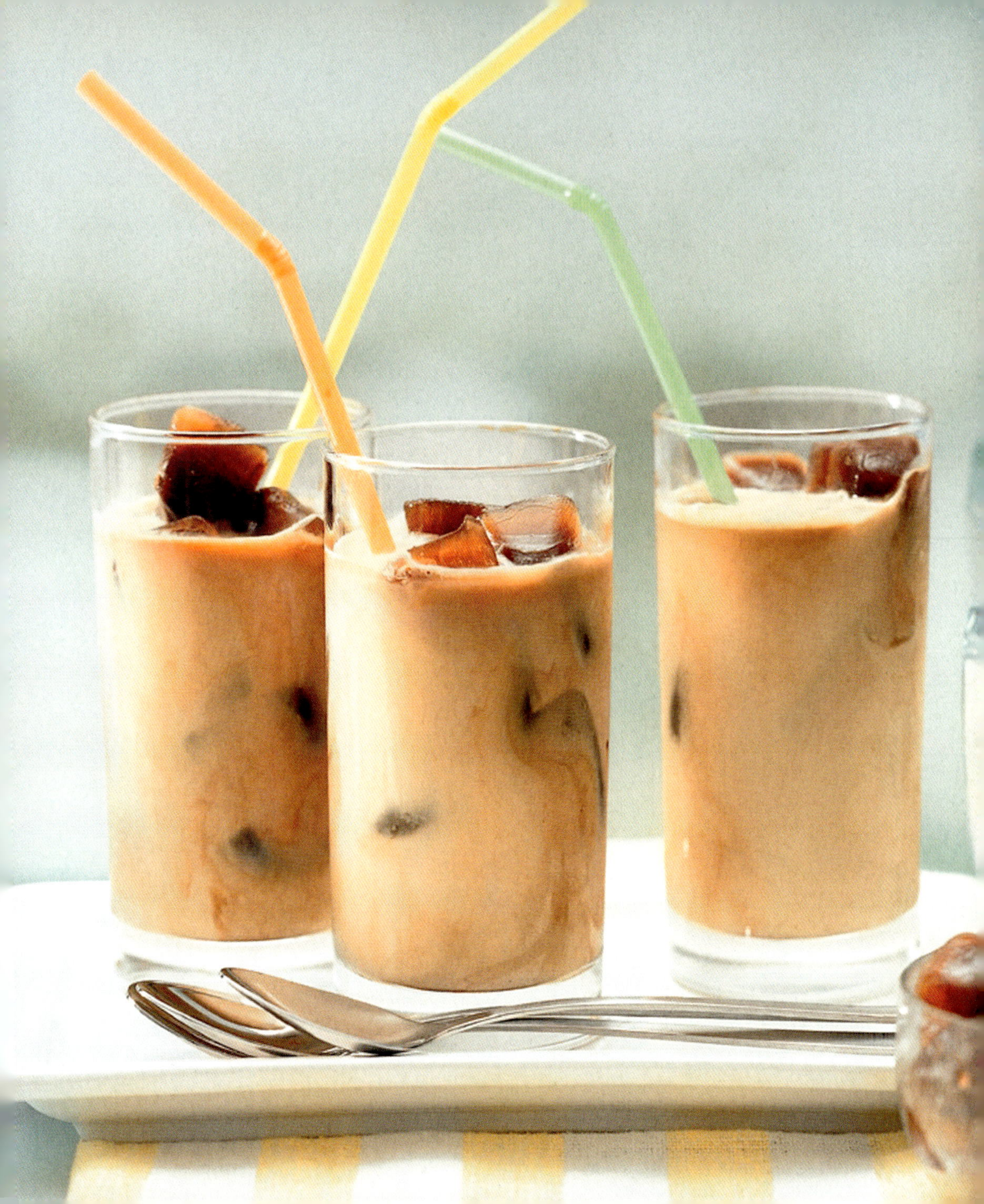

SÜSSE SHAKES

Limoncelloshake [Abb.]

FÜR 4 SHAKES:
1 Zitrone (unbehandelt)
4 Kugeln Joghurt- oder Zitroneneis
800 g Trinkjoghurt
8 EL Limoncello
2 EL Zucker
Veilchen zum Garnieren

> Zitrone heiß waschen, abtrocknen und in dünne Scheiben schneiden. Eis in kleine Stücke schneiden und mit Joghurt, Limoncello sowie Zucker in den Standmixer geben und fein pürieren.

> Einen Teil des Limoncelloshakes in 4 Longdrinkgläser geben, Zitronenscheiben darauf verteilen und mit der restlichen Flüssigkeit begießen. Die Zitronenscheiben sollten sich dabei in den Gläsern verteilen. Shakes mit Veilchen garnieren.

> Nährwerte pro Shake:
376 kcal, 1579 kJ, 8 g EW, 8 g F, 54 g KH

Limoncello ist ein italienischer Fruchtaromalikör, der aus frischen, reifen Zitronen hergestellt wird. Alternativ kann man auch Triple Sec, ebenfalls ein Zitronenlikör, verwenden.

Heidelbeershake [als Dessert]

FÜR 4 SHAKES:
400 g Heidelbeeren
½ l Milch
1 EL Honig
2 EL Grenadinesirup
Eiswürfel

> Heidelbeeren waschen, verlesen und gut abtropfen lassen. 2 EL Beeren beiseitestellen. Restliche Beeren mit etwas Milch mischen und mit dem Schneidstab oder im Mixer pürieren. Dabei langsam die restliche Milch angießen.

> Shake mit Honig und Grenadinesirup abschmecken. 16 Eiswürfel zerstoßen und unter den Shake mischen. Restliche Heidelbeeren auf kleine Holzstirrer stecken und in die Gläser stellen.

> Nährwerte pro Shake:
160 kcal, 1672 kJ, 5 g EW, 3 g F, 26 g KH

Frische Waldheidelbeeren gibt es im Spätsommer und im Herbst. Kulturheidelbeeren sind fast das ganze Jahr erhältlich. Beide eignen sich gleichermaßen für die Zubereitung des Shakes. Sogar Früchte aus der Konserve können Sie verwenden, lassen Sie diese zuvor jedoch gut abtropfen.

Drinks
JUNGE KÜCHE

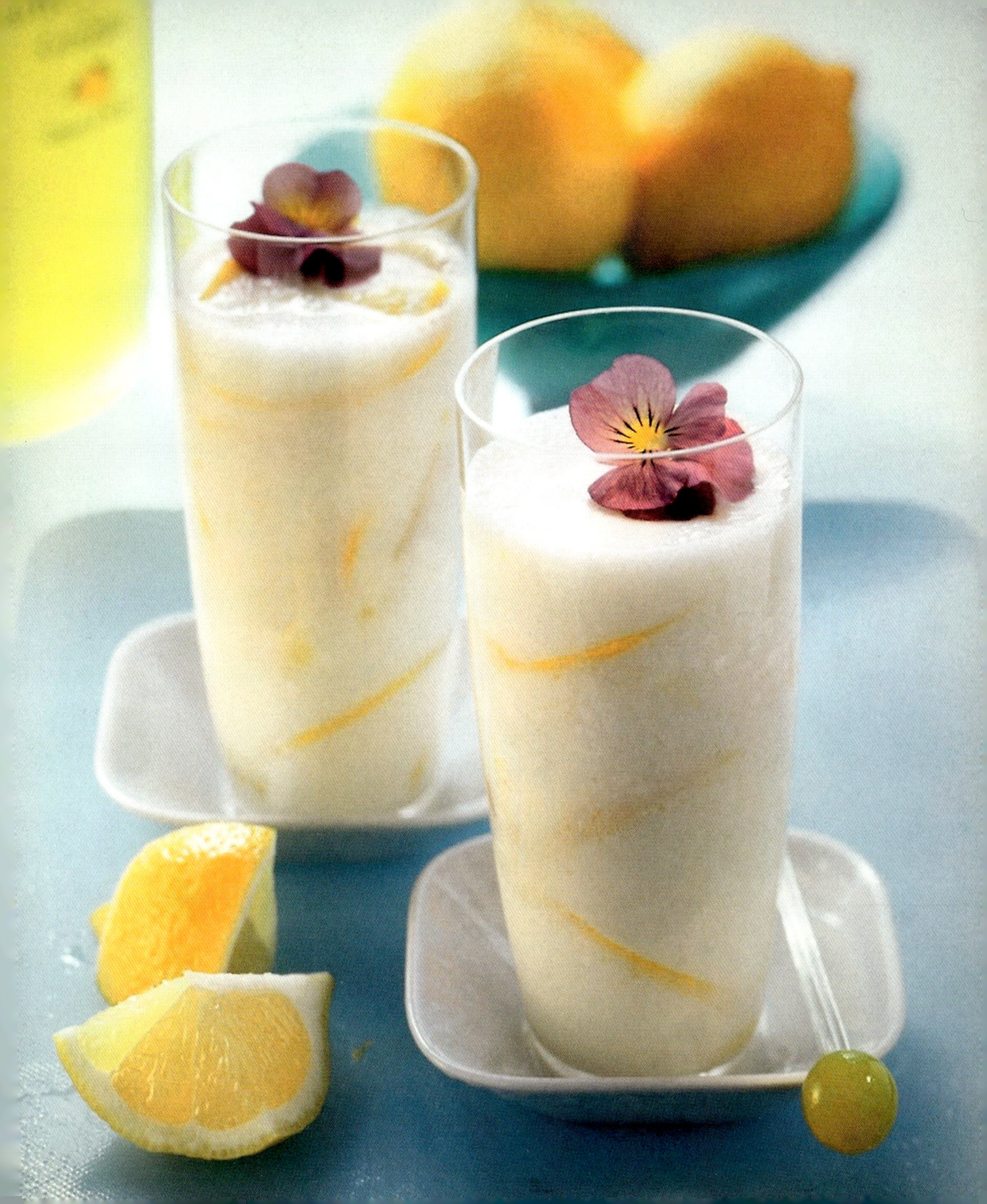

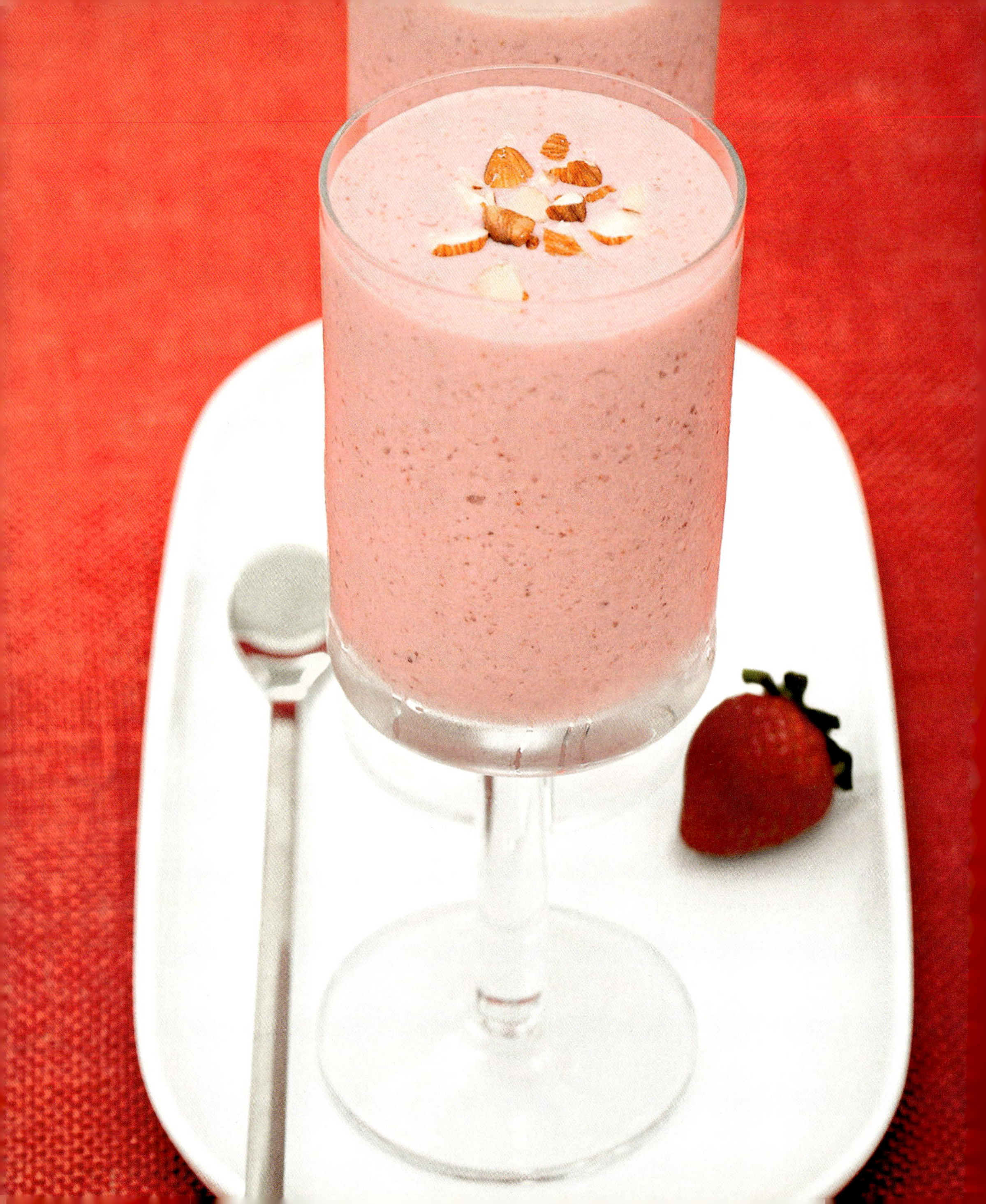

SÜSSE SHAKES

Tapioka-Erdbeer-Shake [Abb.]

> Die Hälfte der Mandelmilch mit dem Tapiokamehl in einen kleinen Kochtopf geben und verrühren. 5 Minuten quellen lassen, dann bei starker Hitze zum Kochen bringen. Vom Herd nehmen, etwas abkühlen lassen und Vanilleextrakt dazugeben. Die Mischung vollständig abkühlen lassen.

> Eiswürfel, gefrorene Erdbeeren sowie Mandelbutter und Süßstoff in den Mixer geben und pürieren, bis eine cremige Mischung entsteht. Abgekühlte Tapiokamischung hinzugeben und das Ganze zu einer homogenen Masse verrühren.

> Erdbeershake in 2 Gläser gießen und gehackte Mandeln darüberstreuen.

> Nährwerte pro Shake: 326 kcal, 1369 kJ, 6 g EW, 14 g F, 50 g KH

FÜR 2 SHAKES:
400 ml Mandelmilch
2 EL Tapiokamehl
¼ TL Vanilleextrakt
Eiswürfel
250 g TK-Erdbeeren
1 EL Mandelbutter
2 Päckchen Süßstoff
Mandeln, gehackt, zum Garnieren

Mandelmilch und Mandelbutter sind in Reformhäusern oder Bioläden erhältlich. Tapiokamehl wird aus Maniok, einer stärkehaltigen, kartoffelähnlichen Knolle gewonnen und zum Binden von Flüssigkeiten verwendet.

Bananenshake [reichhaltig]

> Bananen schälen und in Stücke schneiden. Mit Vanilleeis, Milch und Vanillezucker in den Mixer geben und das Ganze pürieren, bis eine dickflüssige Mischung entstanden ist.

> Johannisbeeren und Minze waschen, beides abtropfen lassen. Minzeblätter von den Stängeln zupfen.

> Shake auf Longdrinkgläser verteilen, jedes Glas mit 1 Rispe Beeren und Minzeblättern garnieren.

> Nährwerte pro Shake: 409 kcal, 1778 kJ, 16 g EW, 15 g F, 50 g KH

FÜR 2 SHAKES:
2 Bananen
4 Kugeln Vanilleeis
130 ml Milch
1 TL Vanillezucker
2 Rispen Johannisbeeren und 2 Stängel Minze zum Garnieren

Drinks
JUNGE KÜCHE

SÜSSE SHAKES

Pfirsich-Buttermilch-Shake [Abb.]

FÜR 2 SHAKES:
2 weiße Pfirsiche
150 ml Buttermilch
150 ml weißer Traubensaft

> Pfirsiche waschen, halbieren und entsteinen. Pfirsiche schälen und das Fruchtfleisch in grobe Stücke schneiden.

> Pfirsichstücke mit Buttermilch und Traubensaft in den Standmixer geben und das Ganze pürieren, bis die Masse eine cremig-schaumige Konsistenz hat. Shake in Becher füllen und servieren.

> Nährwerte pro Shake:
116 kcal, 487 kJ, 4 g EW, 1 g F, 22 g KH

Orangen-Bananen-Shake [Energielieferant]

FÜR 4 SHAKES:
2 kleine Bananen
2 ½ Orangen (unbehandelt)
110 g Walnusshälften
½ l Magermilch
200 g Joghurt
4 – 6 EL Honig
1 TL Vanillearoma
8 Minzeblätter zum Garnieren

> Bananen schälen und klein schneiden. 2 Orangen schälen, halbieren und Fruchtfleisch in Stücke schneiden. 100 g Walnüsse in grobe Stücke hacken, in den Mixer geben, Fruchtstücke dazugeben und das Ganze pürieren.

> Nach und nach Magermilch, Joghurt und Honig hinzufügen und mit dem Frucht-Walnuss-Püree vermengen. Mit Vanillearoma abschmecken.

> Orangen-Bananen-Shake auf Tumbler verteilen. Restliche Orangenhälfte in 4 Scheiben schneiden. Minzeblätter waschen und trocken tupfen. Je 1 Orangenscheibe und Walnusshälfte sowie 2 Minzeblätter auf einen Holzstirrer stecken und die Spieße quer über die Gläser legen.

> Nährwerte pro Shake:
276 kcal, 1169 kJ, 10 g EW, 8 g F, 38 g KH

Schokoshake [sündhaft gut]

FÜR 4 SHAKES:
¾ l Milch
125 g Nussnougatcreme
4 Kugeln Schokoladeneis
150 g Sahne
Schokoraspel

> Milch, Nussnougatcreme und Schokoladeneis in den Standmixer geben und kurz auf höchster Stufe zu einer cremigen Masse aufschlagen. Sahne steif schlagen.

> Shake in Longdrinkgläser füllen, Schlagsahne in einen Spritzbeutel geben und jeweils 1 Haube auf jeden Shake spritzen. Mit Schokoraspeln und Strohhalmen garniert servieren.

> Nährwerte pro Shake:
433 kcal, 1812 kJ, 11 g EW, 25 g F, 41 g KH

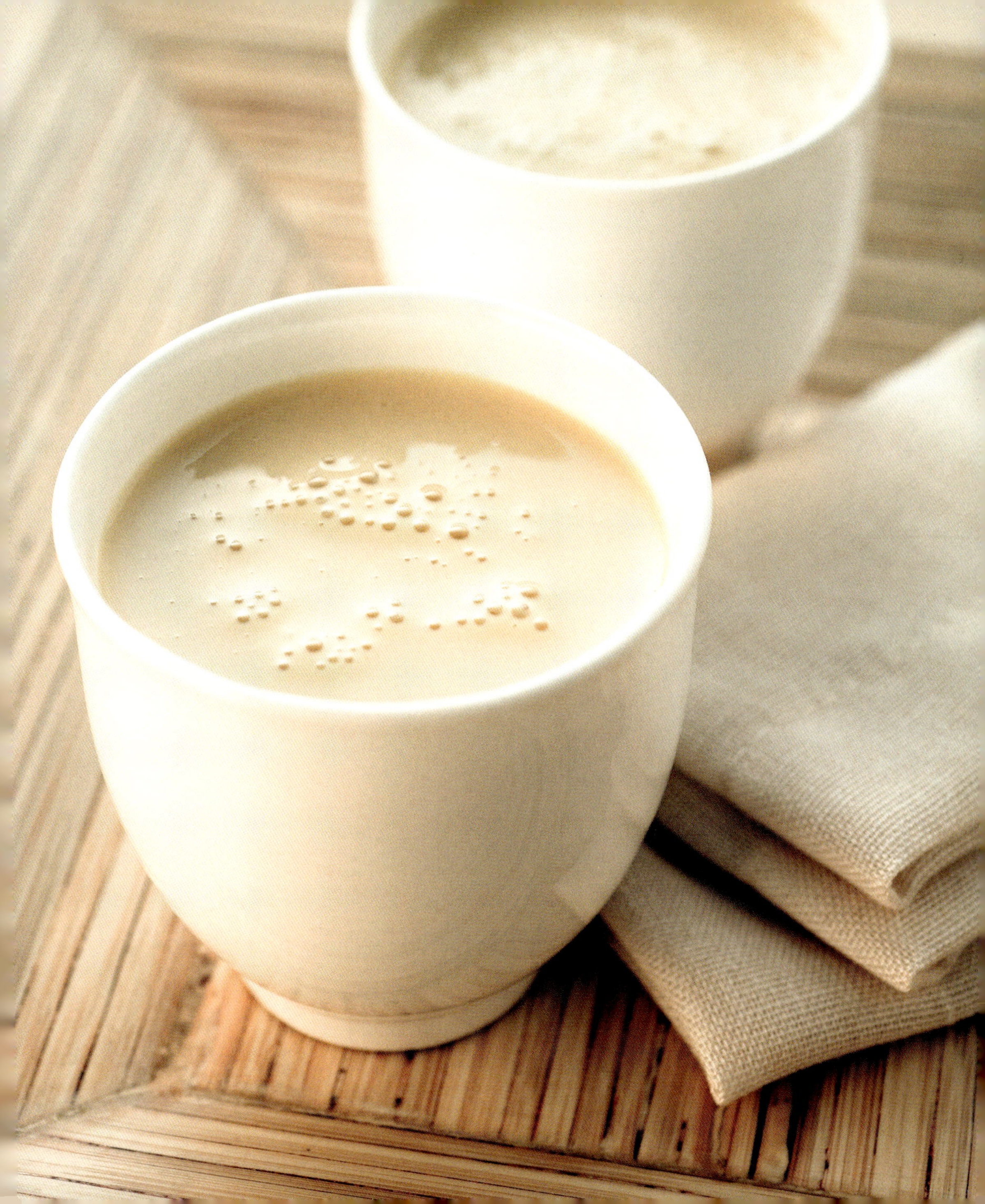

SÜSSE SHAKES

Beeren-Kefir-Shake [Abb.]

FÜR 4 SHAKES:
250 g Beeren
1 cm frische Ingwerwurzel
½ Vanilleschote
½ l Kefir, 200 ml Milch
1 EL Zitronensaft
2 EL Zucker
8 Eiswürfel
200 g Joghurt
4 Erdbeeren

> Beeren putzen, evtl. waschen und abtropfen lassen. Ingwer schälen und reiben. Vanilleschote halbieren und das Mark herauskratzen.

> Beides mit Beeren, Kefir, Milch, Zitronensaft, Zucker und Eiswürfeln in den Mixer geben, das Ganze durchpürieren und den Shake in vorbereitete Gläser füllen.

> Joghurt glatt rühren, vorsichtig eingießen und mit einem Holzstirrer spiralförmig durchziehen. Erdbeeren waschen, putzen, halbieren, auf den Glasrand stecken und die Shakes mit Strohhalmen garniert servieren.

> Nährwerte pro Shake:
185 kcal, 775 kJ, 9 g EW, 7 g F, 19 g KH

Für diesen Shake bietet sich eine Mischung aus Himbeeren, Brombeeren, Johannisbeeren und Erdbeeren an. Sollten keine frischen Beeren erhältlich sein, geht auch eine TK-Beerenmischung: tiefgekühlte Beeren in den Mixer geben und anschließend auf die Eiswürfel verzichten.

Aprikosen-Marzipan-Shake [raffiniert]

FÜR 2 SHAKES:
300 g frische Aprikosen
80 g Marzipan
400 ml Buttermilch
½ Vanilleschote

> Aprikosen waschen, halbieren und vom Stein befreien. Früchte schälen und bis auf 2 Aprikosen mit Marzipan und Buttermilch in den Mixer geben. Vanilleschote längs halbieren, das Mark herauskratzen und zu den anderen Zutaten hinzufügen.

> Aprikosen-Marzipan-Masse pürieren, schaumig aufschlagen und in Longdrinkgläser füllen. Restliche Aprikosen in Viertel schneiden und auf einen langen Holzstirrer stecken. Fruchtspieße in die Gläser stellen und die Shakes servieren.

> Nährwerte pro Shake:
323 kcal, 1357 kJ, 10 g EW, 8 g F, 49 g KH

Aprikosen lassen sich besser schälen bzw. häuten, wenn man die ganzen Früchte mit kochendem Wasser übergießt und kurz darin ziehen lässt. Aber auch hier gilt: Wenn es schnell gehen muss, Früchte aus der Konserve verwenden – nach Möglichkeit ungezuckert.

Drinks
JUNGE KÜCHE

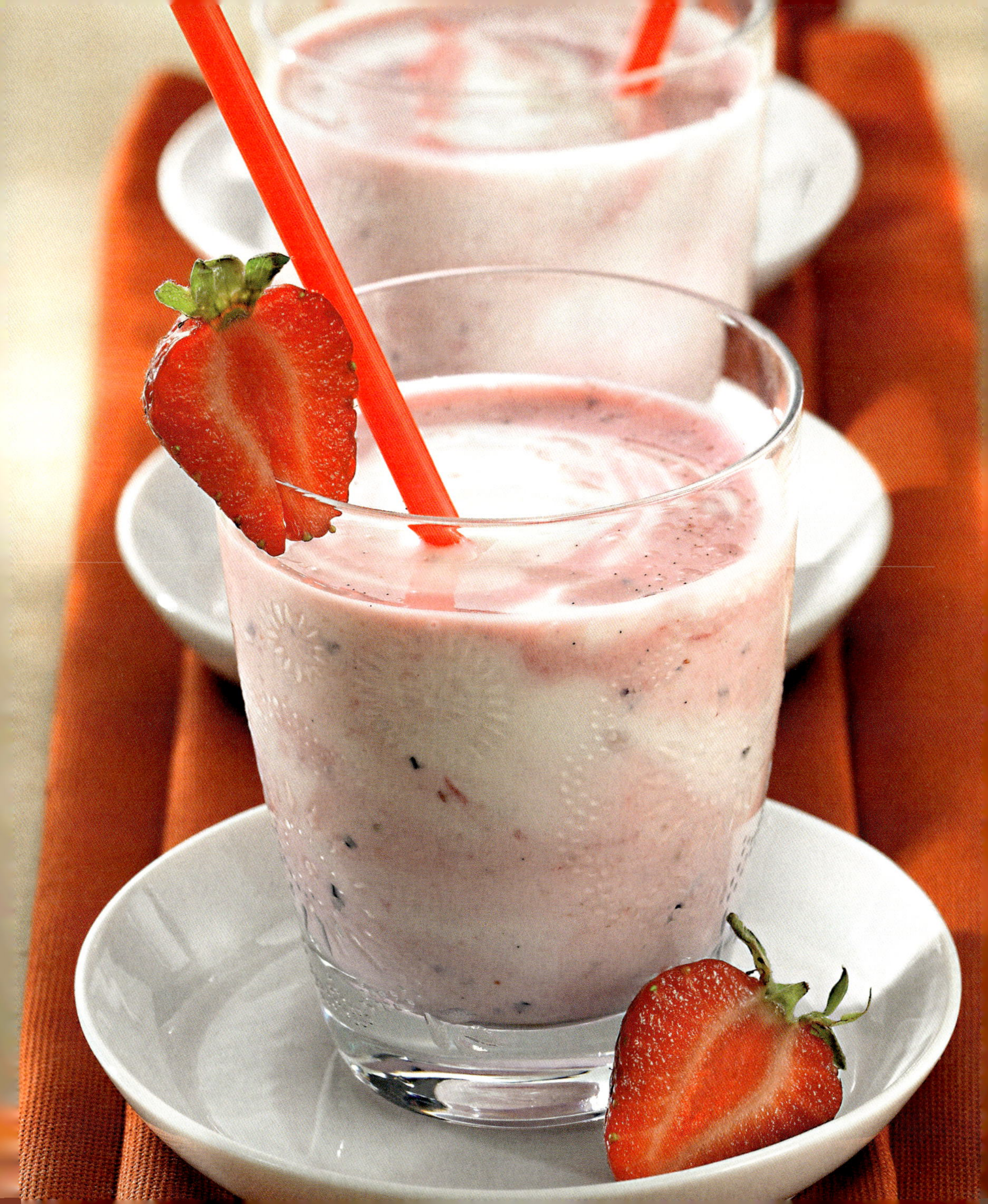

SÜSSE SHAKES

Papaya-Joghurt-Shake [exotisch]

FÜR 4 SHAKES:
50 g Zucker
50 g Sesam
1 TL Honig
1 TL Butter
1 große Papaya
400 g Joghurt
½ l Maracujasaft

> Zucker in einer kleinen beschichteten Pfanne hell karamellisieren. Sesam, Honig und Butter hinzugeben und kurz verrühren. Masse auf ein geöltes Blech oder Backpapier geben, verstreichen und abkühlen lassen. Sobald der Krokant fest geworden ist, in kleine Stücke brechen.

> Papaya halbieren und Kerne mit einem Löffel herauskratzen. Fruchtfleisch aus der Schale lösen, die Hälfte in kleine Würfel schneiden und beiseitestellen. Restliches Fruchtfleisch mit Joghurt und Maracujasaft in den Mixer geben und pürieren. Evtl. mit Zucker abschmecken.

> Shake in Gläser füllen, mit Sesamkrokant und Papayawürfeln bestreuen und die Shakes servieren.

> Nährwerte pro Shake:
245 kcal, 1029 kJ, 6 g EW, 10 g F, 30 g KH

Rhabarber-Vanille-Shake [mal anders]

FÜR 4 SHAKES:
200 g Rhabarber
50 g Puderzucker
1 Vanilleschote
½ l Milch
250 g Erdbeereis

> Rhabarber putzen, waschen und in kleine Stücke schneiden. Puderzucker dazugeben und vermischen. In eine Auflaufform geben und im Backofen ca. 20 Minuten bei 200 Grad backen. Herausnehmen und abkühlen lassen.

> Vanilleschote längs aufschlitzen und das Mark herauskratzen.

Rhabarber mit Milch, Vanillemark und Eis in den Standmixer geben und pürieren. In 4 Gläser füllen und mit je 2 Strohhalmen servieren.

> Nährwerte pro Shake:
220 kcal, 924 kJ, 6 g EW, 4 g F, 38 g KH

Viel schneller lässt sich der Shake zubereiten, wenn man Rhabarberkompott – gekauft oder selber eingekocht – verwendet. Dann kann man den leckeren Shake auch außerhalb der Saison genießen.

Fruchtige Drinks & Smoothies

JUNGE KÜCHE

FRUCHTIGE DRINKS & SMOOTHIES

Orangencocktail mit Mandeln [Abb.]

FÜR 2 DRINKS:
30 g Mandeln, gemahlen
1 EL Orangenschale, abgerieben
1 EL Sonnenblumenöl
je 300 ml Orangen- und Apfelsaft
100 ml Ananassaft
Eiswürfel
Minzeblätter

> Mandeln mit Orangenschale und Öl verrühren. Säfte mit Eiswürfeln in einen Shaker geben und durch Schütteln gut vermischen.

> Säftemix über ein Barsieb in 2 Tumbler abseihen, Mandelöl langsam daraufgeben, dabei nicht umrühren. Minzeblätter waschen, trocken schütteln und Cocktails damit garnieren.

> Nährwerte pro Drink:
305 kcal, 1276 kJ, 5 g EW, 14 g F, 37 g KH

In den Wintermonaten sollte man sich frisch gepressten Orangensaft gönnen. Am besten eignen sich Saftorangen, z. B. die Sorte Valencia, dafür.

Erdbeersmoothie [süße Verführung]

FÜR 4 SMOOTHIES:
800 g Erdbeeren
200 g Honigmelone
4 Saftorangen
4 EL Crème fraîche

> Erdbeeren waschen, putzen, abtropfen lassen und bis auf 4 Beeren klein schneiden. Honigmelone vierteln, von Kernen und Schale befreien und das Fruchtfleisch in Würfel schneiden. Die Orangen auspressen.

> Fruchtstücke mit Orangensaft im Standmixer pürieren. Fruchtpüree auf Gläser verteilen, je 1 EL Crème fraîche daraufgeben und kurz einrühren. Erdbeeren bis zur Hälfte einschneiden, auf die Glasränder stecken und Smoothies servieren.

> Nährwerte pro Smoothie:
165 kcal, 692 kJ, 4 g EW, 4 g F, 25 g KH

Kirsch-Pfirsich-Drink [aromatisch]

FÜR 2 DRINKS:
Eiswürfel
¼ l Kirschnektar
¼ l Pfirsichnektar
je 2 Kirschen mit Stiel

> 6–8 Eiswürfel im Crusher zerkleinern oder in einen Gefrierbeutel geben und mit einem Fleischklopfer zerstoßen. 2 Longdrinkgläser zu ca. ¼ damit füllen.

> Kirsch- und Pfirsichnektar in den Standmixer geben und gut vermischen. In die Gläser gießen, je 1 Kirschenpaar über den Glasrand hängen und servieren.

> Nährwerte pro Drink:
167 kcal, 701 kJ, 1 g EW, 0 g F, 39 g KH

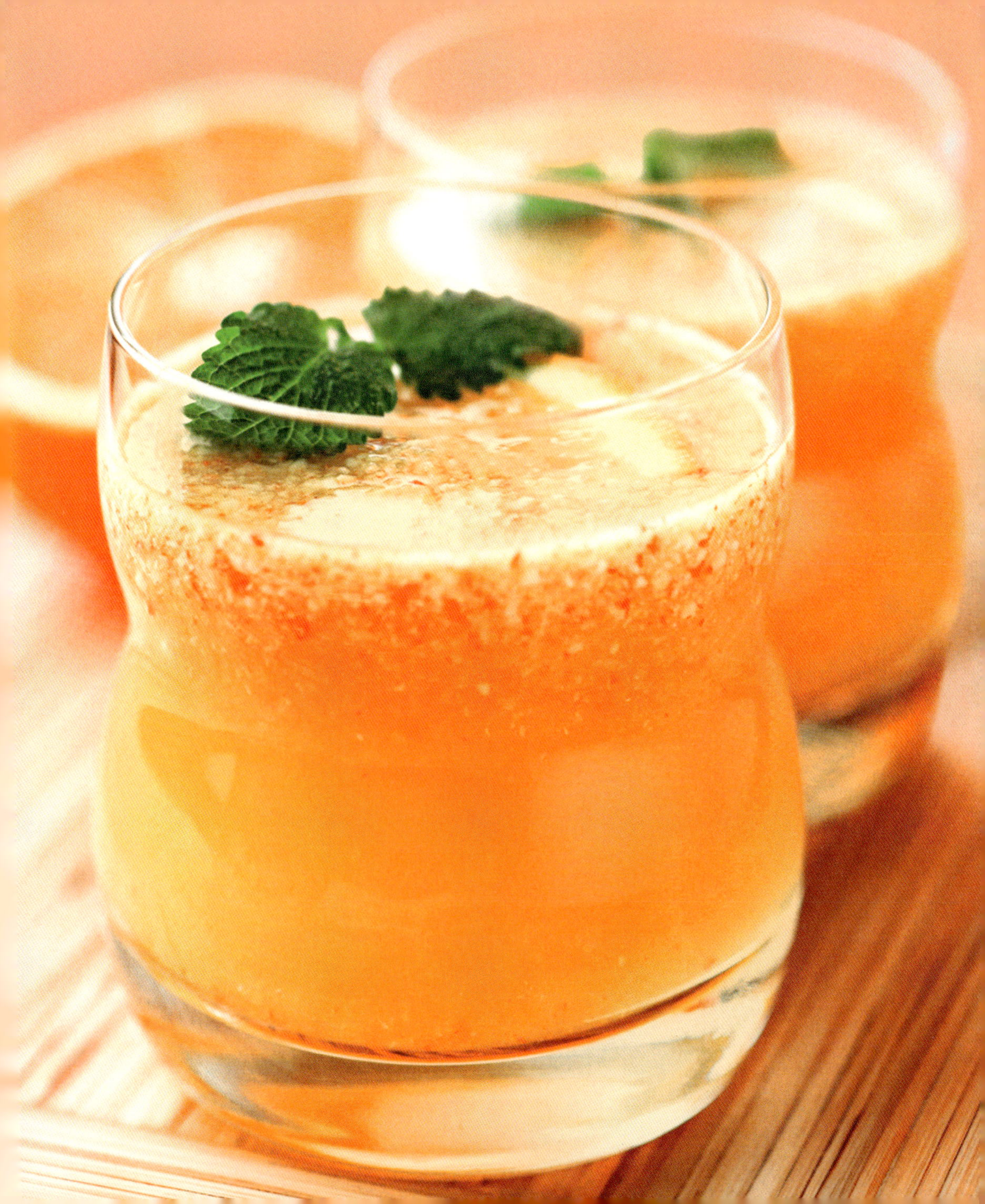

FRUCHTIGE DRINKS & SMOOTHIES

Kiwi-Maracuja-Smoothie [Abb.]

FÜR 4 SMOOTHIES:
4 Kiwis
1 Banane
60 g Mandeln, gemahlen
300 ml Ananassaft
300 ml Maracujasaft

> Kiwis schälen und in grobe Stücke schneiden. Banane schälen und in Scheiben schneiden. Obst und Mandeln mit dem Schneidstab pürieren. Säfte dazugeben und nochmals kurz durchmixen.

> Kiwi-Maracuja-Smoothie auf Tumbler verteilen und mit Strohhalmen garniert servieren.

> Nährwerte pro Smoothie:
241 kcal, 1008 kJ, 6 g EW, 9 g F, 31 g KH

Ampelcocktail [Kalium-Quelle]

FÜR 2 SMOOTHIES:
2 grüne Kiwis
2 gelbe Kiwis
8 EL Orangensaft
150 g Himbeeren
Kiwischeiben zum Garnieren

> Kiwis schälen und in Scheiben schneiden. Grüne Kiwischeiben mit 2 EL Orangensaft pürieren, dabei sollten die Kiwikerne ganz bleiben. Püree auf Longdrinkgläser verteilen. Gelbe Kiwischeiben mit 4 EL Orangensaft pürieren und über einen Barlöffel vorsichtig auf das grüne Kiwipüree gießen.

> Himbeeren mit restlichem Orangensaft pürieren und wie das gelbe Kiwipüree über einen Barlöffel in die Gläser füllen. Dabei sollten sich die verschiedenen Pürees nicht miteinander vermischen. Kiwischeiben bis zur Mitte einschneiden, auf den Glasrand stecken und Smoothies mit Strohhalmen garniert servieren.

> Nährwerte pro Smoothie:
68 kcal, 288 kJ, 0 g EW, 0 g F, 12 g KH

Pfirsich-Rhabarber-Drink [Muntermacher]

FÜR 4 DRINKS:
600 g saftige Pfirsiche
4 dicke Stangen Rhabarber
1 Msp. Vanillepulver

> Pfirsiche waschen, halbieren, Kerne auslösen und Fruchtfleisch in Stücke schneiden. Rhabarber waschen, abziehen und in grobe Stücke schneiden. 1 Stück Rhabarber in 4 längliche Streifen teilen und beiseitestellen.

> Pfirsich- und Rhabarberstücke entsaften. Saft mit Vanillepulver abschmecken, in Gläser füllen und mit je 1 Rhabarberstick servieren.

> Nährwerte pro Drink:
81 kcal, 340 kJ, 2 g EW, 0 g F, 15 g KH

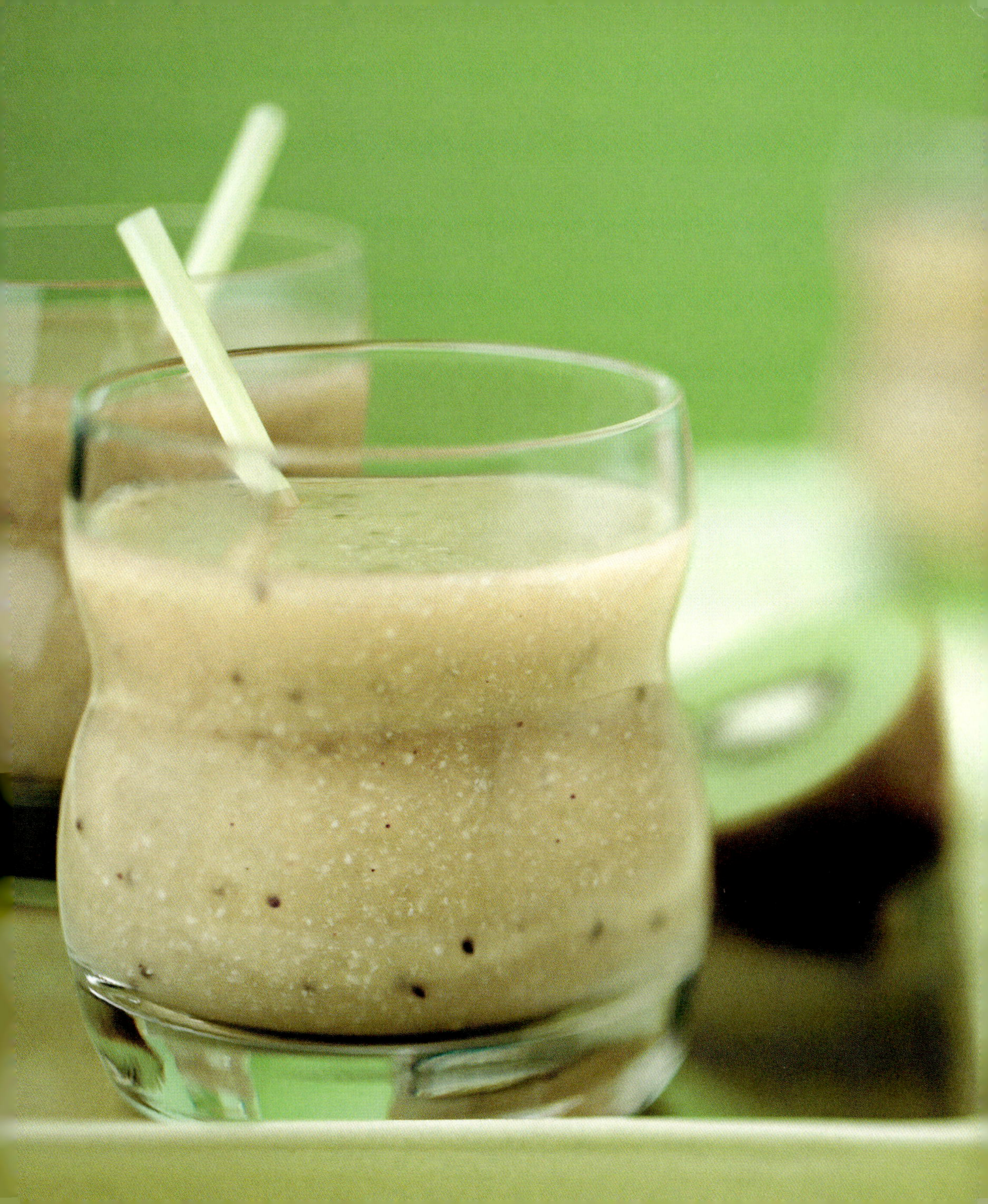

BOWLEN

Erfrischendes für den Sommer

Wer kennt sie nicht, die erfrischend fruchtigen Mixgetränke, die an warmen Sommerabenden in unendlicher Vielfalt auf Partys oder beim Grillen serviert werden. Aber auch ohne triftigen Grund zum Feiern, sollte man sich diese süßen Verführungen hin und wieder gönnen.

Die Grundlage aller Bowlen sind Weine – meist verwendet man Weißwein oder Schaumwein wie Sekt bzw. Prosecco, aber auch Rotwein oder Rosé eignen sich dafür. Ebenfalls ein Muss sind die frischen Früchte, die vor dem Servieren im Alkohol eingelegt und beim Genuss der Bowle mit einem Stirrer oder einem Löffel verzehrt werden. Wichtig für den Geschmack der Bowle ist vor allem, dass die Früchte einige Stunden eingelegt werden. Nur so nehmen sie das spezielle Aroma der Mischung auf. Neben den Basics Wein und Obst gibt es Zutaten, die je nach Rezept variieren: hochprozentige Alkoholika, Zucker, Sirup oder Säfte.

Aber auch ohne Alkohol schmecken Bowlen. Schon mit wenig Fantasie kann man die Rezepte ganz leicht abwandeln und den angegebenen Alkohol durch andere Getränke ersetzen: Statt Weißwein nimmt man hellen Trauben- oder Apfelsaft, als Ersatz für Rotwein eignet sich Früchtetee, Johannisbeer- oder roter Traubensaft. Und Schaumwein lässt sich ganz einfach durch Mineralwasser ersetzen – so muss man nicht auf das Prickeln verzichten. Diese beiden Zutaten sollten auf jeden Fall erst kurz vor dem Servieren dazugeben werden, damit die Kohlensäure nicht entweicht.

Hier ein paar Rezeptideen für fruchtig-leichte Bowlen.

Feigenbowle

> 500 g reife, grüne Feigen waschen, abtropfen lassen und in Viertel schneiden. In ein Bowlegefäß geben und mit 1 ½ EL braunem Zucker bestreuen. 100 ml braunen Rum darübergießen und das Ganze mindestens 5 Stunden zugedeckt an einem kühlen Ort ziehen lassen.

> 1 Flasche Rosé dazugeben und vorsichtig unter die Rumfrüchte rühren, damit das Obst nicht zerdrückt wird.

> Die Bowle mit 1 Flasche Sekt und ½ l Mineralwasser, beides sehr gut gekühlt, kurz vor dem Servieren auffüllen. Nach Wunsch zusätzlich mit Eiswürfeln kühlen.

Die Bowle ergibt 8 Portionen. Zum Servieren eignen sich Cocktailschalen besonders gut – sie sind dekorativ und man kann die Feigenspalten einfach mit einem Stirrer aufnehmen.

Kiwi-Erdbeer-Bowle

> 2 Kiwis schälen, längs halbieren und in Scheiben schneiden. 150 g Erdbeeren waschen, abtropfen lassen, Stielansatz und Grün entfernen und die Früchte vierteln.

> Kiwis und Erdbeeren in eine Karaffe oder ein Bowlegefäß geben und mit je ½ l eisgekühlter Fanta Orange und Sprite

übergießen. 2 Limetten waschen, die Schale in Spiralen lösen, die Früchte auspressen und den Saft vorsichtig in die Bowle rühren.

> Bowle auf hohe Gläser, evtl. mit Griff, verteilen und mit der Limettenschale garniert servieren.

Stylingtipp: Eine tolle Idee sind Fruchtspieße, die man dazu reichen oder mit in die Gläser stellen kann. Kleine Erdbeeren oder Himbeeren waschen, Mandarinen schälen und in Filets teilen. Früchte abwechselnd auf lange Holzspieße stecken.

Sommerbowle

> Je 100 g Himbeeren und Erdbeeren sowie 75 g Brombeeren waschen, putzen und gut abtropfen lassen. Erdbeeren nach Bedarf halbieren. Früchte in ein Bowlegefäß geben, 5 cl Tequila sowie je 100 ml Erdbeersirup und Zitronensaft darübergießen und einige Stunden im Kühlschrank ziehen lassen.

> Eingelegte Früchte mit ¾ l eisgekühltem Rosé auffüllen, das Ganze vorsichtig durchmischen und kurz an einem kühlen Ort durchziehen lassen.

> Vor dem Servieren ½ l kaltes Mineralwasser dazugeben und evtl. mit Eiswürfeln zusätzlich kühlen.

Alkoholfreie Variante: Obst in gleichen Anteilen Himbeer- und Erdbeersirup sowie Zitronensaft einlegen. ¾ l roten Früchtetee kochen, kalt stellen und anschließend die Bowle damit auffüllen. Zum Schluss nur noch das Mineralwasser dazugeben.

Trauben-Grappa-Bowle

> 500 g helle Trauben gründlich waschen, abtropfen lassen, halbieren und bei Bedarf entkernen. Traubenhälften in das Bowlegefäß geben, mit 2 EL Zucker bestreuen und mit 2 cl Grappa beträufeln. Das Ganze gut durchmischen.

> 1 unbehandelte Zitrone waschen, abtrocknen, die Schale dünn abschälen und den Saft auspressen. Beides in das Bowlegefäß geben und mit ½ l trockenem Weißwein sowie ½ l hellem Traubensaft auffüllen. Zugedeckt im Kühlschrank 4 Stunden kühl stellen.

> Vor dem Servieren 1 Flasche gut gekühlten Sekt dazugeben, durchrühren und mit frischer Minze in bauchigen Gläsern oder Tumblern servieren.

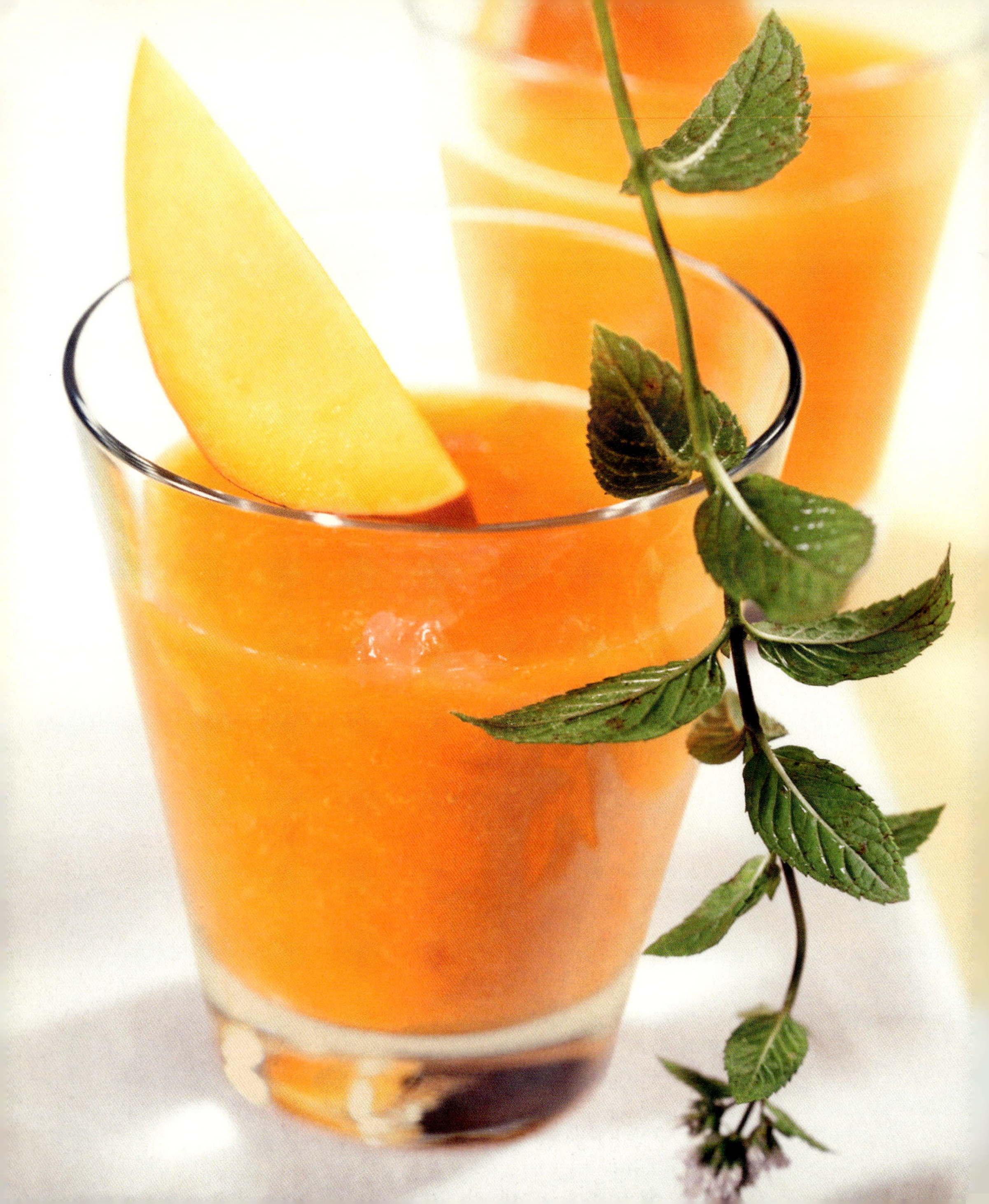

Mangosmoothie [Abb.]

› Mango schälen, Fruchtfleisch vom Stein lösen und in Stücke schneiden. In den Standmixer geben und mit Crushed Ice pürieren. Limettensaft einrühren und nochmals kurz durchmixen.

› Smoothie auf Tumbler verteilen und mit Mineralwasser auffüllen.

Gläser mit Mangospalten und gewaschenen Minzestängel garnieren.

› Nährwerte pro Smoothie: 70 kcal, 294 kJ, 1 g EW, 1 g F, 14 g KH

FÜR 2 SMOOTHIES:
1 reife Mango
1 Handvoll Crushed Ice
4 cl Limettensaft
Mineralwasser
je 2 Mangospalten und Minzestängel

Wassermelonendrink [kalorienarm]

› Wassermelone halbieren, achteln und weitgehend von Kernen befreien. Fruchtfleisch von der Schale lösen, in kleine Stücke schneiden und im Mixer pürieren oder entsaften.

› Limetten heiß waschen, 1 ½ Limetten auspressen, Schale großzügig in breiten Streifen abschneiden. Restliche Limette in Spalten schneiden.

› Melonen- und Limettensaft mit 6 Eiswürfeln in einen Shaker geben, gut schütteln und auf Gläser verteilen. Mit Apfelsaft nach Wunsch auffüllen, Limettenschalenstreifen dazugeben und die Gläser mit Limettenspalten und Minze garnieren.

› Nährwerte pro Drink: 135 kcal, 567 kJ, 2 g EW, 3 g F, 21 g KH

FÜR 2 DRINKS:
400 g Wassermelone
2 Limetten (unbehandelt)
Eiswürfel
Apfelsaft zum Auffüllen
Minze zum Garnieren

Brombeersmoothie [Genuss pur]

› Brombeeren verlesen, behutsam waschen und 75 g mit dem Joghurt sowie den Weizenkeimen im Standmixer pürieren. Vanillinzucker dazugeben, nochmals gut verrühren und mit Zitronensaft abschmecken.

› Smoothie in ein Glas geben, restliche Beeren aufspießen und Smoothie damit garniert servieren.

› Nährwerte pro Smoothie: 231 kcal, 967 kJ, 8 g EW, 14 g F, 17 g KH

FÜR 1 SMOOTHIE:
90 g Brombeeren
125 g Joghurt
1 TL Weizenkeime
1 TL Vanillinzucker
Zitronensaft

FRUCHTIGE DRINKS & SMOOTHIES

Melonen-Kokos-Drink [Abb.]

FÜR 4 DRINKS:
4 EL Kokosflocken
1 l Sojadrink mit Kalzium
4 EL brauner Zucker
2 Limetten (unbehandelt)
1 Cantaloup-Melone
16 Eiswürfel

> Kokosflocken in einer Pfanne ohne Fett anrösten, bis sie duften. Etwas abkühlen lassen. Mit dem kalten Sojadrink und Zucker vermischen, im Standmixer pürieren und das Ganze ziehen lassen. Anschließend durch ein Sieb abgießen.

> 1 Limette waschen, in Scheiben schneiden, restliche Limette auspressen. Melone vierteln und Kerne entfernen. Fruchtfleisch von der Schale schneiden und klein schneiden. In die Kokos-Soja-Mischung geben und im Standmixer pürieren. Mit Limettensaft abschmecken.

> Die Eiswürfel im Ice-Crusher oder in einem Gefrierbeutel mit einem Fleischklopfer zerkleinern. Auf 4 Gläser verteilen, Limettenscheiben an die Innenseiten der Glasränder drücken und Melonen-Kokos-Drink eingießen.

> Nährwerte pro Drink:
280 kcal, 1176 kJ, 9 g EW, 8 g F, 35 g KH

Kirschsmoothie [auch ohne Alkohol gut]

FÜR 1 SMOOTHIE:
300 g frische Kirschen
2 EL Kokossirup
1 Limette
Zitronensaft
1 TL Kokosraspel
1 Kirsche zum Garnieren

> Kirschen waschen, entsteinen und für ca. 1 Stunde in den Kühlschrank stellen. Kirschen mit Kokossirup im Standmixer fein pürieren. Limette auspressen und Kirschpüree damit abschmecken.

> Rand eines Cocktailglases in Zitronensaft tauchen, anschließend in den Kokosraspeln drehen und das Kirschpüree vorsichtig ins Glas gießen. Kirsche auf einen Zahnstocher stecken und das Glas damit garniert servieren.

> Nährwerte pro Smoothie:
410 kcal, 1722 kJ, 4 g EW, 8 g F, 77 g KH

Alkoholische und alkoholfreie Drinks mit Sirup verfeinert liegen voll im Trend. Beliebt sind vor allem die verschiedenen Sorten der Firma Monin, die auch in heißen Getränken Verwendung finden.

Drinks
JUNGE KÜCHE

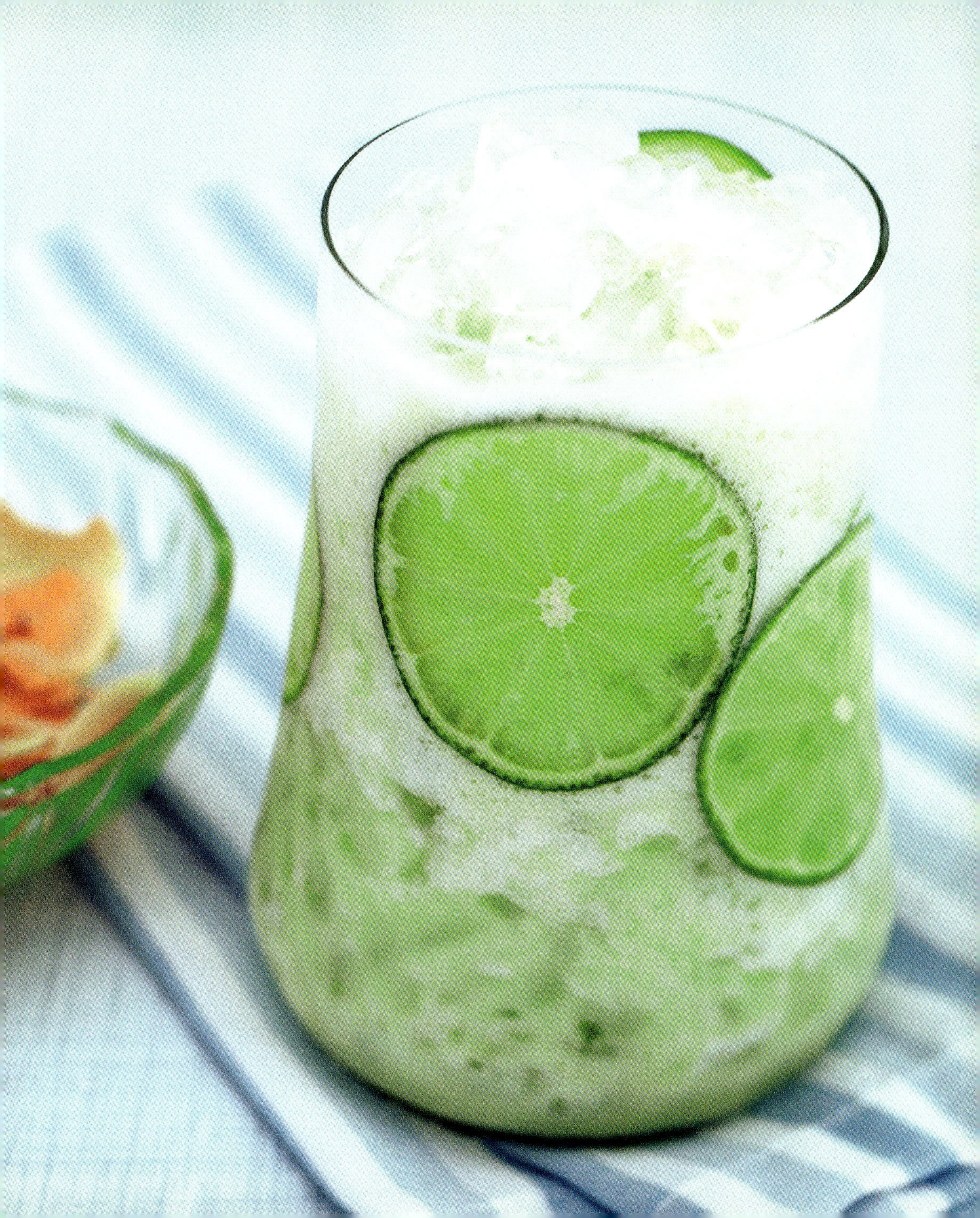

FRUCHTIGE DRINKS & SMOOTHIES

Honigmelonen-Grenadine-Drink [Abb.]

FÜR 4 DRINKS:
1 Honigmelone
120 ml Grenadinesirup
600 ml Orangensaft
Limetten- und
Orangenschale zum
Garnieren

> Honigmelone vierteln, Kerne mit einem Löffel herauskratzen, Fruchtfleisch von der Schale lösen und in kleine Würfel schneiden. Mit 4 cl Grenadinesirup begießen, sodass sich das Fruchtfleisch leicht rötlich verfärbt. Honigmelone in einen Gefrierbeutel geben und 4–5 Stunden ins Gefrierfach legen.

> Gefrorene Fruchtstücke aus dem Gefrierfach nehmen, in Gläser füllen und jeweils mit 150 ml Orangensaft auffüllen. Den restlichen Grenadinesirup auf die Gläser verteilen, dabei nicht unterrühren.

> Limetten- und Orangenschale in dünne, lange Stücke schneiden und durch Wickeln um den Finger leicht eindrehen. Schalen zum Garnieren an den Glasrändern befestigen und die Drinks servieren.

> Nährwerte pro Drink:
91 kcal, 383 kJ, 2 g EW, 0 g F, 18 g KH

Birnensmoothie [fürs Wohlbefinden]

FÜR 1 SMOOTHIE:
1 reife Birne
2 TL Zitronensaft
1 EL Haselnussmus
1 TL Ahornsirup
125 g Joghurt
Birnensaft zum Auffüllen
1 TL Haselnüsse
1 Stängel Melisse

> Birne schälen, halbieren, vom Kerngehäuse befreien und klein schneiden. Zitronensaft, Haselnussmus und Ahornsirup mit den Fruchtstücken in einen hohen Becher geben. Das Ganze mit dem Schneidstab pürieren und den Joghurt unterrühren.

> Püree in einen Tumbler gießen, mit Birnensaft auffüllen und den Smoothie umrühren. Haselnüsse grob hacken und über den Smoothie streuen. Melisse waschen, trocken schütteln und den Smoothie damit garniert servieren.

> Nährwerte pro Smoothie:
490 kcal, 2058 kJ, 24 g EW, 32 g F, 27 g KH

Eine raffinierte Variante für den Winter: Ahornsirup weglassen und stattdessen den Smoothie mit einem Schuss Amaretto abschmecken.

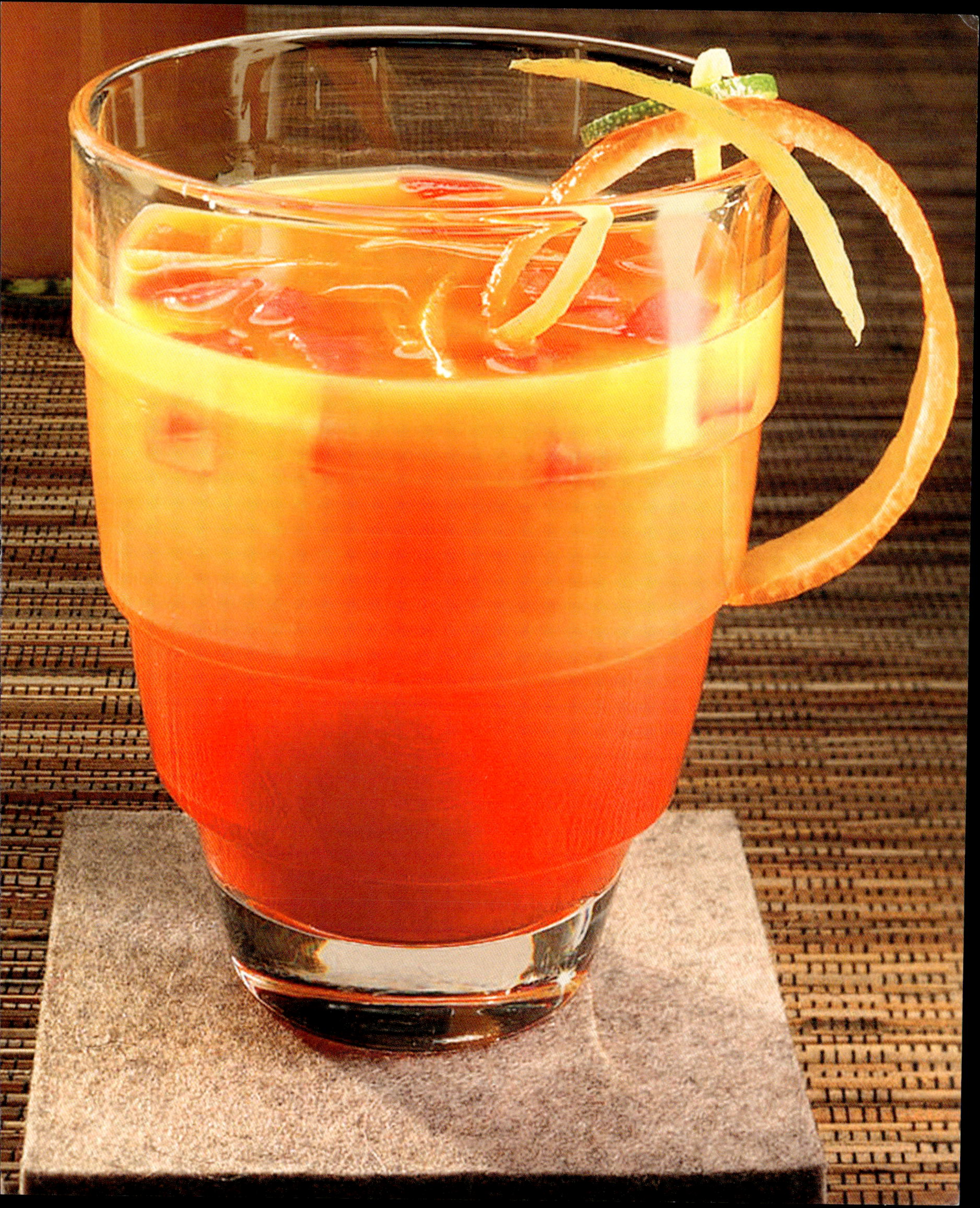

FRUCHTIGE DRINKS & SMOOTHIES

Ananascocktail [Abb.]

FÜR 1 DRINK:
200 g Melonenfruchtfleisch
300 ml Ananassaft
150 ml Fenchelsaft
Eiswürfel
1 Ananasspalte
Ananasblätter zum Garnieren

> Melonenfruchtfleisch mit dem Schneidstab pürieren, durch ein feines Sieb streichen und den Saft dabei auffangen. Evtl. mit Mineralwasser auf 150 ml Flüssigkeit auffüllen.

> Ananas-, Melonen- und Fenchelsaft mit Eiswürfeln in einen Shaker füllen, kräftig schütteln und über ein Barsieb in eine Cocktailschale gießen. Glasrand mit Ananasspalte garnieren und Ananasblätter ins Glas stecken.

> Nährwerte pro Drink:
276 kcal, 1155 kJ, 4 g EW, 1 g F, 59 g KH

Ananas ist reich an Vitamin C und Vitamin A. Außerdem enthält sie das Enzym Bromelin, das verdauungsfördernd wirkt. Der Drink ist nicht nur erfrischend, sondern auch unterstützend bei einer Fastenkur oder Diät.

Erdbeer-Vanille-Drink [Powerdrink]

FÜR 2 DRINKS:
125 g frische Erdbeeren
½ Vanilleschote
1 EL Honig
175 ml Süßmolke
Eiswürfel
Zucker

> Erdbeeren waschen. 2 Erdbeeren mit Grün beiseitestellen, restliche Beeren vom Stielansatz befreien, putzen und die Früchte vierteln. Vanilleschote längs aufschlitzen und Mark herauskratzen.

> Honig, Vanillemark sowie die Hälfte der Molke hinzufügen und mit dem Schneidstab auf höchster Stufe pürieren. Restliche Molke unterrühren.

> Je 3 Eiswürfel in 2 Tumbler geben und Erdbeer-Vanille-Drink darauf verteilen. Restliche Erdbeeren mit einem Messer von unten bis zur Hälfte einschneiden, Grün mit etwas Zucker bestreuen und die Beeren auf die Glasränder stecken. Erdbeer-Vanille-Drink mit Strohhalmen servieren.

> Nährwerte pro Drink:
58 kcal, 244 kJ, 1 g EW, 1 g F, 11 g KH

Drinks
JUNGE KÜCHE

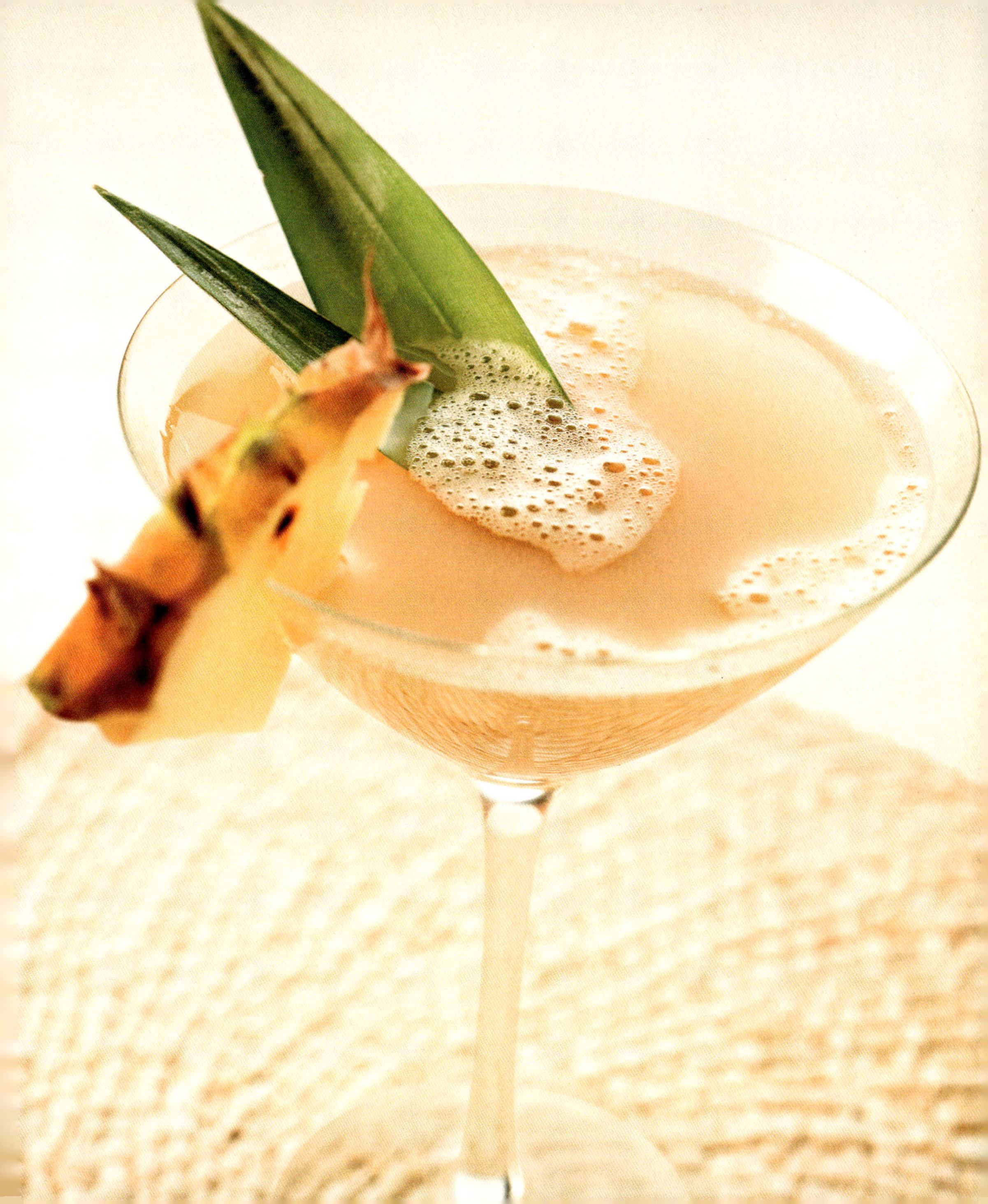

FRUCHTIGE DRINKS & SMOOTHIES

Fruchtbombe [starke Mischung]

FÜR 1 DRINK:
1 EL Zitronensaft
2 EL Kokosraspel
2 Cocktailkirschen
1 Kiwispalte
je 1 Orangen- und Limettenscheibe
150 ml Orangensaft
50 ml Bananennektar
1 EL Maracujasirup
1 EL Grenadinesirup

> Den äußeren Rand eines Longdrinkglases erst mit Zitronensaft befeuchten, dann in den Kokosraspeln drehen. Glas beiseitestellen.

> Cocktailkirschen, Kiwispalte und Zitrusfruchtscheiben auf einen Stirrer stecken.

> Orangensaft, Bananennektar und Sirupe mit Eiswürfeln in einen Shaker geben und kräftig schütteln. Über ein Barsieb in das vorbereitete Glas gießen, dabei den Kokosrand nicht berühren. Vorbereiteten Spieß in den Drink geben und die Fruchtbombe servieren.

> Nährwerte pro Drink:
262 kcal, 1100 kJ, 3 g EW, 7 g F, 45 g KH

Papayasmoothie [wenn Gäste kommen]

FÜR 2 SMOOTHIES:
1 Papaya
Eiswürfel
100 ml Apfelsaft
100 ml Mineralwasser
50 ml Zitronensaft

> Papaya halbieren, die Kerne mit einem Löffel herauskratzen. 2 schmale Spalten abschneiden. Das restliche Fruchtfleisch von der Schale lösen. Papaya in Würfel schneiden und mit dem Schneidstab pürieren.

> Je 3 Eiswürfel in 2 Gläser geben, Fruchtpüree darübergießen und den Drink mit Apfelsaft und Mineralwasser auffüllen. Zum Schluss den Zitronensaft dazugeben.

> Papayaspalten auf die Glasränder stecken und zusätzlich mit einem Holzstirrer befestigen, dabei den Stirrer von oben durch die Papayaspalte stecken und am Glasrand nach unten führen.

> Nährwerte pro Smoothie:
58 kcal, 244 kJ, 1 g EW, 0 g F, 12 g KH

Drinks & Smoothies aus Gemüse

JUNGE KÜCHE

DRINKS & SMOOTHIES AUS GEMÜSE

Möhren-Gurken-Drink [Abb.]

FÜR 1 DRINK:
400 g Möhren
250 g Gurken
Saft aus 50 g Dill
150 ml Tomatensaft
1 Stängel Petersilie

> Möhren und Gurken putzen, waschen und in grobe Stücke schneiden. Einen Gurkenstick für die Garnierung beiseitelegen. Beides getrennt in den Entsafter geben. 300 ml Möhrensaft und 150 ml Gurkensaft abmessen. Dill ebenfalls in den Entsafter geben.

> Die zubereiteten Säfte mit Tomatensaft in den Tumbler geben, mit einem Barlöffel vorsichtig verrühren. Den Gurkenstick ins Glas stellen und mit Petersilie garniert servieren.

> Nährwerte pro Drink:
160 kcal, 669 kJ, 9 g EW, 2 g F, 24 g KH

Avocado-Tomaten-Smoothie [mit Vitamin D]

FÜR 2 SMOOTHIES:
1 kleine Avocado
4 Stängel Basilikum
Saft von ½ Zitrone
400 ml Tomatensaft
Eiswürfel, Salz
Pfeffer, Tabasco

> Avocado halbieren, vom Stein befreien und das Fruchtfleisch mit einem Löffel aus der Schale lösen. Basilikum waschen, trocken tupfen, die Blätter von 2 Stängeln abzupfen und klein schneiden.

> Avocadofruchtfleisch in kleine Stücke schneiden, mit Zitronen- und Tomatensaft, 4 Eiswürfeln sowie dem Basilikum in den Mixer geben und das Ganze pürieren.

Mit Salz, Pfeffer und Tabasco abschmecken.

> Avocado-Tomaten-Smoothie in hohe Gläser füllen und mit den restlichen Basilikumstängeln garniert servieren.

> Nährwerte pro Smoothie:
267 kcal, 1121 kJ, 4 g EW, 24 g F, 8 g KH

Spinat-Möhren-Drink [Jungbrunnen]

FÜR 4 DRINKS:
400 g Spinatblätter
600 g Möhren
4 saftige Äpfel

> Spinat verlesen, waschen und trocken schütteln. Möhren waschen, putzen, evtl. schälen und in Stücke schneiden. Äpfel waschen, vom Kerngehäuse befreien und bis auf 4 Spalten ebenfalls in kleine Stücke schneiden.

> Spinat, Möhren- und Apfelstücke in den Entsafter geben und den Saft auffangen. Saftmix in Gläser füllen und mit den Apfelspalten garniert servieren.

> Nährwerte pro Drink:
144 kcal, 606 kJ, 4 g EW, 1 g F, 27 g KH

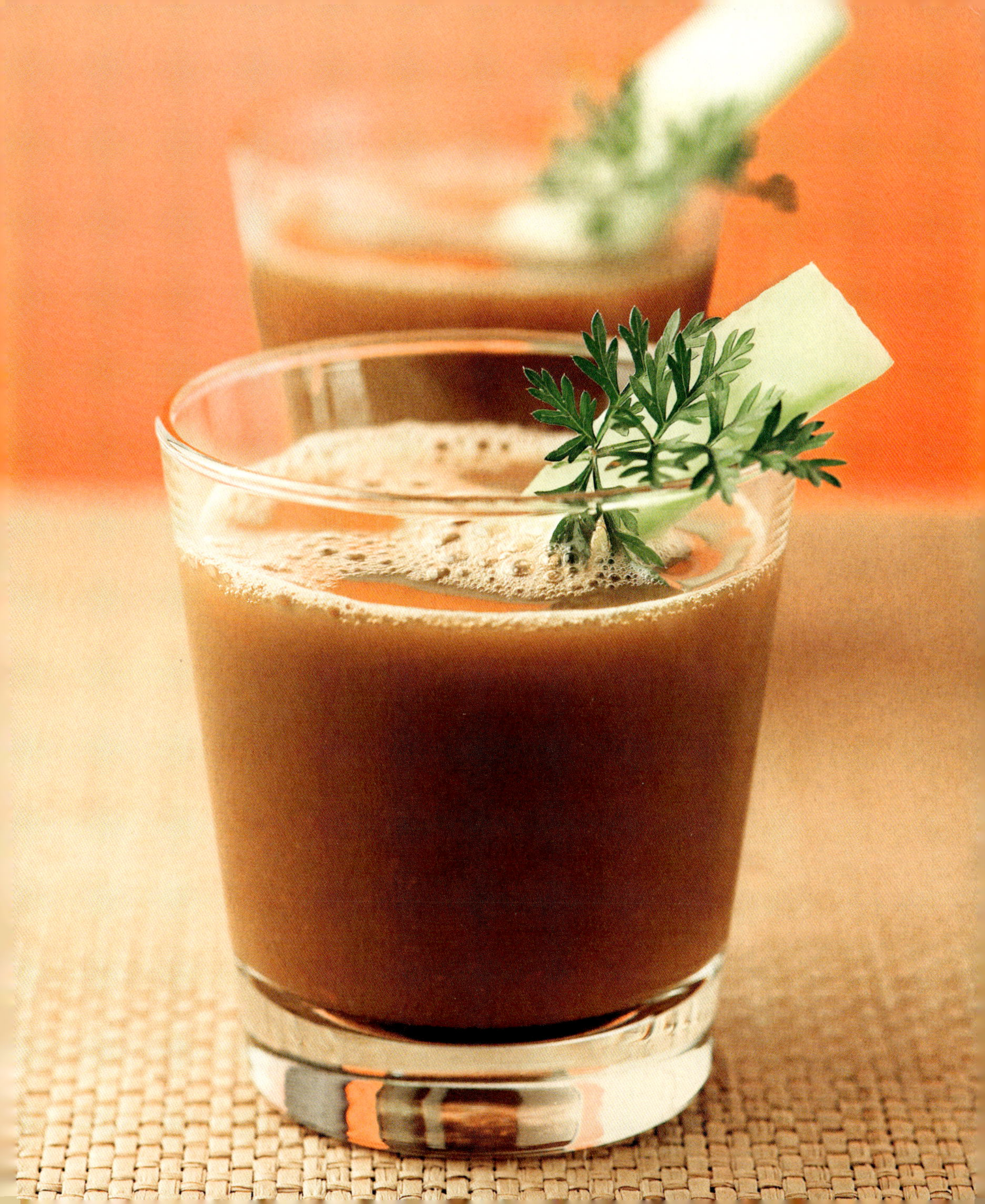

DRINKS & SMOOTHIES AUS GEMÜSE

Paprika-Sellerie-Drink [Abb.]

FÜR 2 DRINKS:
500 g Knollensellerie
2 gelbe Paprikaschoten
Salz, Tabasco
Mineralwasser zum
Auffüllen
Zitronenmelisse

> Sellerie schälen. Die Paprika waschen, halbieren, Kerngehäuse und weiße Innenhäute entfernen. 2 dünne Streifen abschneiden und zum Garnieren beiseitestellen. Sellerie und Paprika in Stücke schneiden.

> Sellerie und Paprika in den Entsafter geben und Saftmix mit Salz sowie einigen Spritzern Tabasco abschmecken. Das Ganze nochmals gut verrühren.

> Äußere Ränder von 2 Gläsern befeuchten und in Salz drehen. Paprika-Sellerie-Mix in die vorbereiteten Gläser verteilen, mit Mineralwasser auffüllen. Je 1 Paprikastreifen auf den Glasrand stecken, Melissestängel über den Glasrand hängen und servieren.

> Nährwerte pro Drink:
94 kcal, 395 kJ, 6 g EW, 1 g F, 14 g KH

Tomatensmoothie [herzhaft]

FÜR 2 SMOOTHIES:
400 g reife Tomaten
2 Knoblauchzehen
1 Zwiebel
1 EL Sonnenblumenöl
Kräutersalz
350 ml Buttermilch
Pfeffer
Zitronenthymian

> Tomaten waschen, abtropfen lassen und bis auf 1 Tomate halbieren. Knoblauchzehen sowie Zwiebel schälen. Zwiebel quer halbieren und 2 dünne Ringe abschneiden. Restliche Zwiebel und Knoblauch klein schneiden.

> Die vorbereiteten Zutaten mit Sonnenblumenöl, 1 Prise Kräutersalz und Buttermilch in den Mixer geben und auf höchster Stufe pürieren.

> Smoothie in Longdrinkgläser füllen und mit Pfeffer bestreuen. Restliche Tomate vierteln und je 2 Tomatenviertel mit 1 Zwiebelring auf einen Stirrer stecken. Spieße in die Gläser stellen und das Ganze mit Thymian garniert servieren.

> Nährwerte pro Smoothie:
180 kcal, 756 kJ, 10 g EW, 6 g F, 18 g KH

Dieser reichhaltige Smoothie ist eine ideale Zwischenmahlzeit. Gut gekühlt wird er im Sommer gern als Pausensnack genossen.

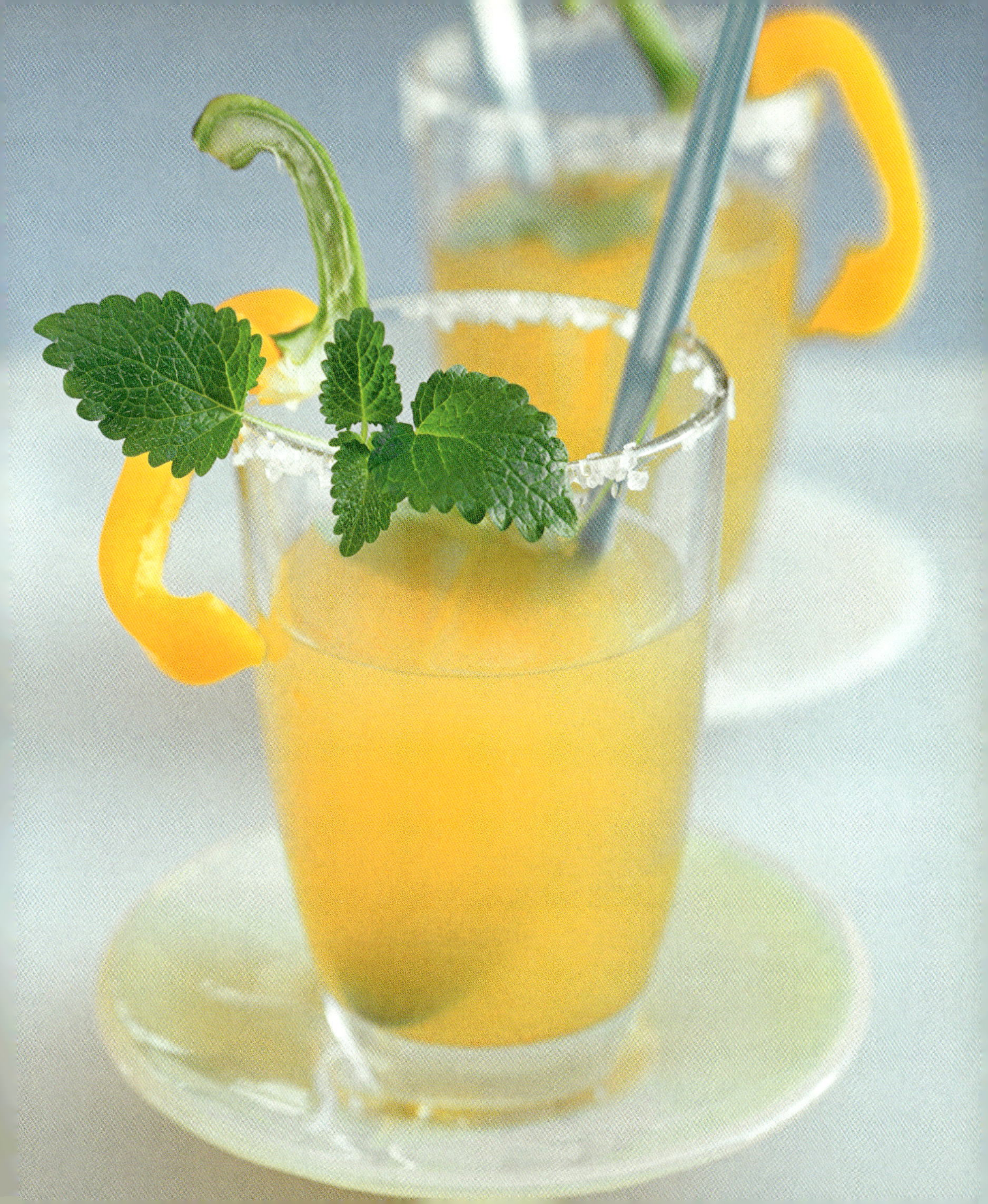

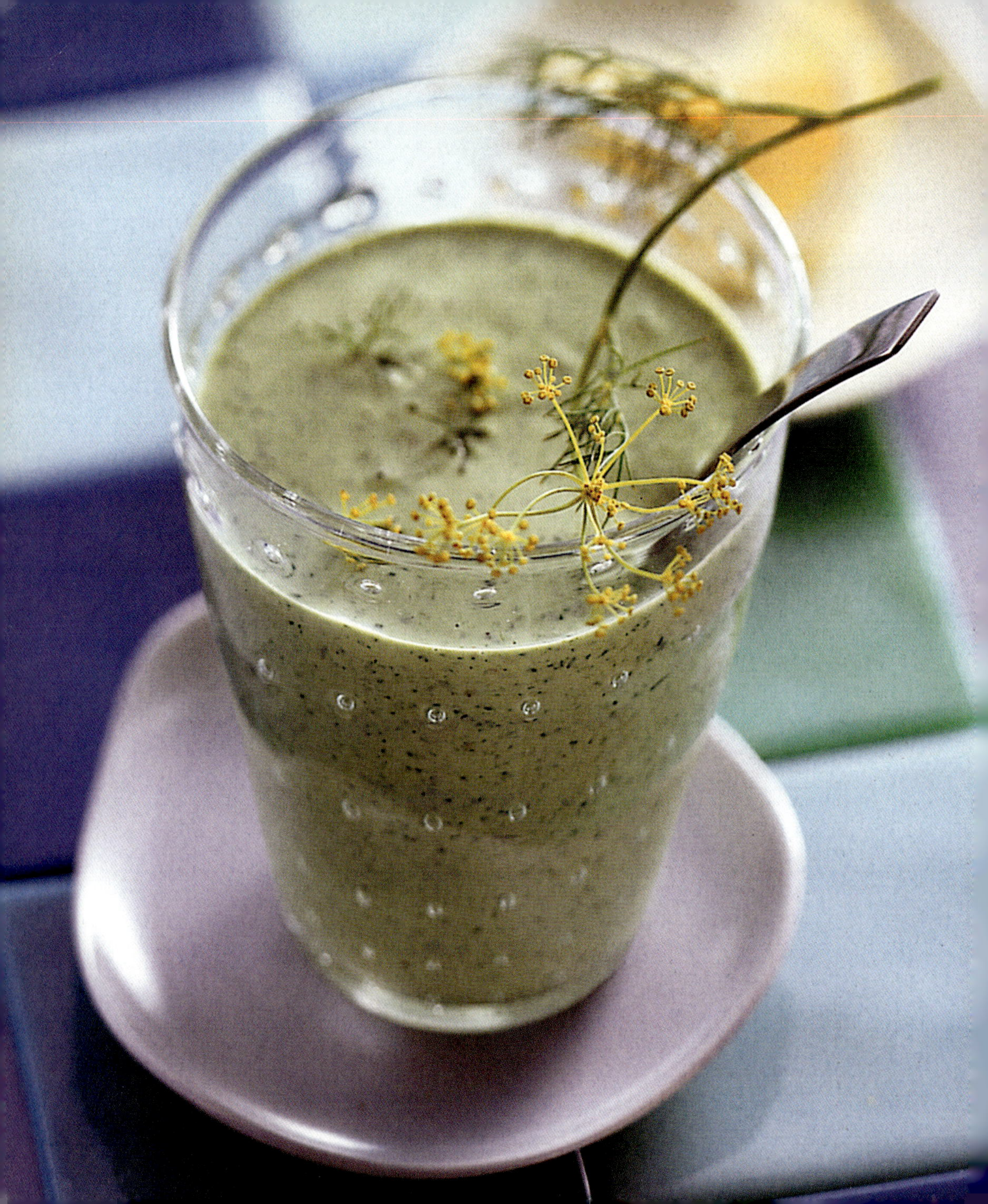

Spinat-Kräuter-Smoothie [Abb.]

> Spinat und Kräuter verlesen, unter fließendem kaltem Wasser waschen und trocken schütteln. Beides mit einem Messer klein hacken. Zitrone halbieren und den Saft beider Hälften auspressen.

> Sojajoghurt und Mineralwasser mit dem Zitronensaft vermischen, in den Mixer geben und zusammen mit den Kräutern und dem Spinat pürieren. Das Ganze mit Salz und Pfeffer abschmecken.

> Spinat-Kräuter-Smoothie in 2 Longdrinkgläser geben. Dill waschen, trocken schütteln und die Gläser damit garniert servieren.

> Nährwerte pro Smoothie: 68 kcal, 289 kJ, 3 g EW, 8 g F, 10 g KH

FÜR 4 SMOOTHIES:
150 g frischer Blattspinat
je ½ Bd. Petersilie, Schnittlauch und Dill
1 Zitrone
250 g Sojajoghurt Exotic
300 ml Mineralwasser
Salz, Pfeffer
Dillstängel zum Garnieren

Immer mehr Menschen leiden unter Lactoseintoleranz und vertragen keine Kuhmilchprodukte. Produkte aus Sojamilch sind eine gesunde Alternative. Sie sind geschmacksneutral und vielseitig einsetzbar.

Gemüsedrink mit Teriyaki [würzig]

> ¼ l Gemüsesaft in eine Eiswürfelform geben und über Nacht ins Gefrierfach stellen.

> Restlichen Gemüsesaft mit dem Teriyaki in den Mixer geben und auf höchster Stufe 3 Minuten lang vermischen. 4–8 Gemüseeiswürfel beiseitelegen, restliche Gemüseeiswürfel grob zerkleinern, zum Drink geben und diesen nochmals gut durchmischen.

> Minze waschen, trocken schütteln und 4 Doppelblättchen beiseitelegen. Die restlichen Blättchen von den Stängeln zupfen und sehr klein hacken. In den fertigen Gemüsedrink einrühren.

> Drink in gekühlte Gläser füllen und jeweils 1–2 Eiswürfel hinzufügen. Je 1 Gurkenstick sowie 1 Doppelblatt Minze in den Drink geben und mit Pfeffer bestreut servieren.

> Nährwerte pro Drink: 98 kcal, 411 kJ, 5 g EW, 0 g F, 15 g KH

FÜR 4 DRINKS:
¾ l Gemüsesaft
6 EL Teriyaki
1–2 Stängel Minze
4 Gurkensticks
Pfeffer

DRINKS & SMOOTHIES AUS GEMÜSE

Rote-Bete-Topinambur-Drink [Abb.]

FÜR 2 DRINKS:
300 g Topinambur
150 g Mandarinen
200 ml Rote-Bete-Saft
200 ml Apfelsaft
30 g Mandeln, gemahlen
4 Apfelspalten
2 Stängel Minze

> Topinambur schälen und grob zerkleinern. Mandarinen schälen. Beides getrennt in den Entsafter geben. 200 ml Topinambursaft und 100 ml Mandarinensaft abmessen.

> Frisch zubereitete Säfte mit dem Rote-Bete- und Apfelsaft vermischen. Die Mandeln unterrühren.

Rote-Bete-Topinambur-Drink in 2 Gläser füllen.

> Je 2 Apfelspalten auf einen Holzstirrer spießen und mit Minze garnieren. Die Spieße in die Gläser stellen und servieren.

> Nährwerte pro Drink:
254 kcal, 1063 kJ, 9 g EW, 9 g F, 32 g KH

Möhren-Mango-Smoothie [geht schnell]

FÜR 2 SMOOTHIES:
1 reife Mango
1 Stück frischer Ingwer
1 Dose Möhren
Saft und Schale von ½ Limette (unbehandelt)
1 TL Honig
Mineralwasser zum Auffüllen

> Mango schälen, Fruchtfleisch vom Stein schneiden und fein würfeln. Ingwer schälen und klein hacken. Möhren in ein Sieb abgießen und abtropfen lassen.

> Mangofruchtfleisch, Ingwer, Limettensaft und fein abgeriebene -schale mit Honig und abgetropf-

ten Möhren in den Mixer geben und fein pürieren.

> Fruchtpüree in 2 Longdrinkgläser gießen, mit Mineralwasser auffüllen und servieren.

> Nährwerte pro Smoothie:
160 kcal, 673 kJ, 2 g EW, 1 g F, 34 g KH

Kohlmix [gesund]

FÜR 2 DRINKS:
300 g Weißkohl
350 g weiße Rübe
450 g Kohlrabi
2 EL Kresse

> Weißkohl putzen, waschen, vom Strunk befreien und grob zerkleinern. Rübe putzen, schälen und in Stücke schneiden. Kohlrabi putzen, schälen und vierteln bzw. achteln.

> Kohl und Rübe in den Entsafter geben und je 200 ml Weißkohl- und Rübensaft sowie 300 ml Kohlrabi-

saft abmessen. Säfte vermischen, Kresse klein schneiden und unterrühren. Säftemix auf Gläser verteilen und servieren.

> Nährwerte pro Drink:
36 kcal, 151 kJ, 2 g EW, 0 g F, 6 g KH

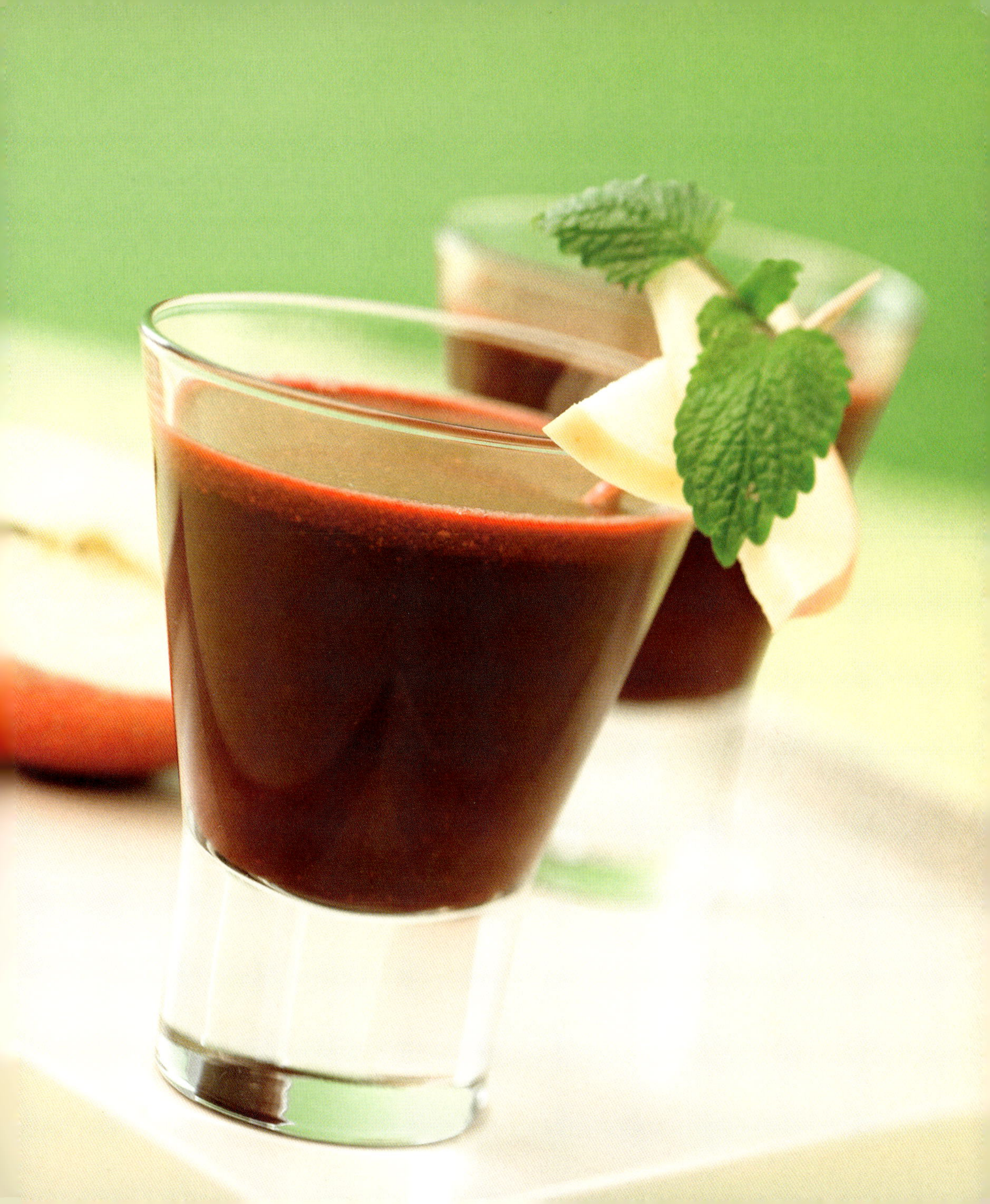

DRINKS & SMOOTHIES AUS GEMÜSE

Fenchel-Zucchini-Drink [Abb.]

FÜR 3 DRINKS:
400 g Fenchel
400 g Zucchini
60 g Pecannüsse, gemahlen
1 EL Tomatenketchup

> Fenchel und Zucchini putzen, waschen und in Stücke schneiden. 3 dünne Zucchinistifte für die Garnierung beiseitelegen. Fenchel und Zucchini getrennt in den Entsafter geben. Je 300 ml Fenchel- und Zucchinisaft abmessen.

> Pecannüsse mit 200 ml Wasser zu einer milchigen Flüssigkeit verrühren. Das Ganze mit den frisch zubereiteten Säften vermischen und den Tomatenketchup dazugeben. Nochmals gut durchrühren.

> Fenchel-Zucchini-Drink in Gläser füllen und jeweils mit 1 Zucchinistick garniert servieren.

> Nährwerte pro Drink:
176 kcal, 736 kJ, 11 g EW, 11 g F, 9 g KH

Gemüsesmoothie [ganz einfach]

FÜR 4 SMOOTHIES:
2 Tomaten
1 gelbe Paprikaschote
200 g Möhren
200 g Stangensellerie
200 g Joghurt
100 ml Orangensaft
Salz, Cayennepfeffer
Crushed Ice
Stangensellerie

> Tomaten kurz blanchieren, abschrecken, die Haut mit einem Messer einritzen und vorsichtig abziehen. Tomaten vom Stielansatz befreien, vierteln, entkernen und grob zerkleinern.

> Paprikaschote waschen, halbieren, Stielansatz und weiße Innenhäute entfernen und das Fruchtfleisch grob würfeln. Möhren und Sellerie schälen, putzen und beides klein schneiden.

> Alle vorbereiteten Zutaten in den Mixer geben. Joghurt und Orangensaft dazugeben und das Ganze pürieren. Mit Salz und Cayennepfeffer würzen. 1 Handvoll Crushed Ice dazugeben und nochmals pürieren.

> Gemüsesmoothie in Gläser füllen, mit Stangensellerie garnieren und sofort servieren.

> Nährwerte pro Smoothie:
80 kcal, 336 kJ, 3 g EW, 2 g F, 10 g KH

Stangensellerie enthält viel Vitamin A, ein Vitamin, dessen Stoffe zahlreiche Aufgaben im Körper übernehmen. Es stabilisiert u. a. die Bildung neuer Zellen und fördert die Sehkraft.

Drinks
JUNGE KÜCHE

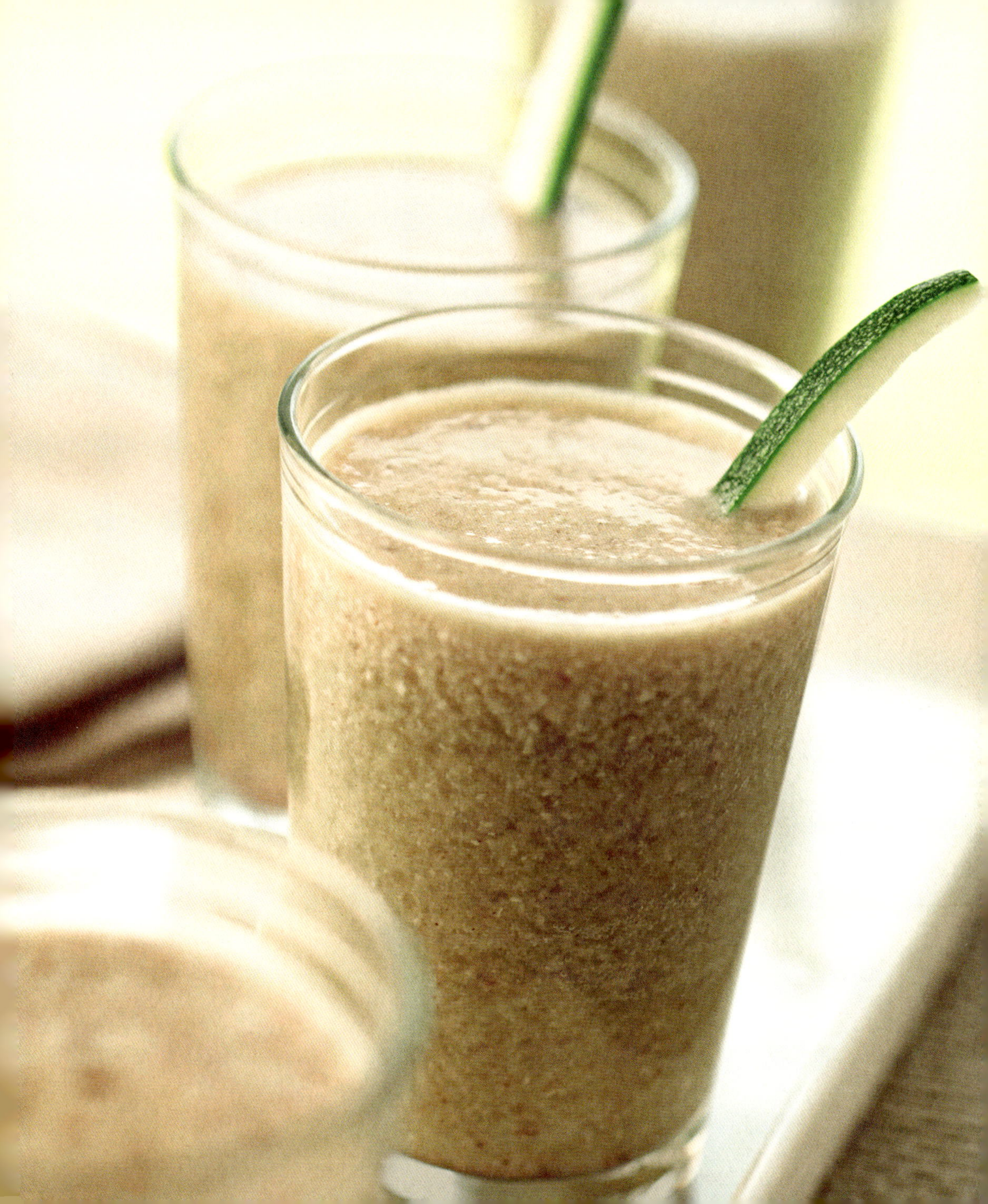

DRINKS & SMOOTHIES AUS GEMÜSE

Scharfer Gemüsedrink [Abb.]

FÜR 4 DRINKS:
600 ml Gemüsesaft
600 ml Orangensaft
4 – 6 TL Zitronensaft
Tabasco
1 Möhre mit Grün

> Gemüse- und Orangensaft mit Zitronensaft und einigen Spritzern Tabasco gut verrühren. Tabasco dabei vorsichtig dosieren. Gemüsedrink in 4 Longdrinkgläser geben.

> Möhre waschen, das Grün abschneiden und trocken schütteln. Möhre in dünne Scheiben schneiden. 16 Scheiben bis zur Hälfte einschneiden und je 4 Scheiben auf den Rand jedes Glases stecken. Mit Grün garnieren und servieren.

> Nährwerte pro Drink:
115 kcal, 483 kJ, 4 g EW, 1 g F, 21 g KH

Stylingtipp: Mit Plätzchenausstechern (z. B. Blumenform) können Sie den Möhrenscheiben je nach Anlass raffinierte Formen geben. Schneiden Sie 1 weitere Möhre in lange, dünne Stifte, die man als Löffelersatz in die Gläser stellen kann.

Gurkendrink [entwässernd]

FÜR 2 DRINKS:
½ Salatgurke
½ Bd. Basilikum
1 – 2 TL Zitronensaft
3 EL Haferkleie
Pfeffer
Mineralwasser

> Gurke waschen und bis auf 2 dünne Sticks das Fruchtfleisch in Würfel schneiden. Basilikum waschen, trocken schütteln, zusammen mit Gurkenstücken, Zitronensaft und Haferkleie in den Mixer geben und pürieren.

> Das Ganze mit Pfeffer würzen, auf 2 Gläser verteilen und anschließend mit Mineralwasser auffüllen. Je 1 Gurkenstick in die Gläser stellen und servieren.

> Nährwerte pro Drink:
57 kcal, 241 kJ, 3 g EW, 1 g F, 9 g KH

Die Haferkleie bindet den Drink ein wenig. Ersatzweise kann man auch Instantflocken oder feine Haferflocken verwenden.

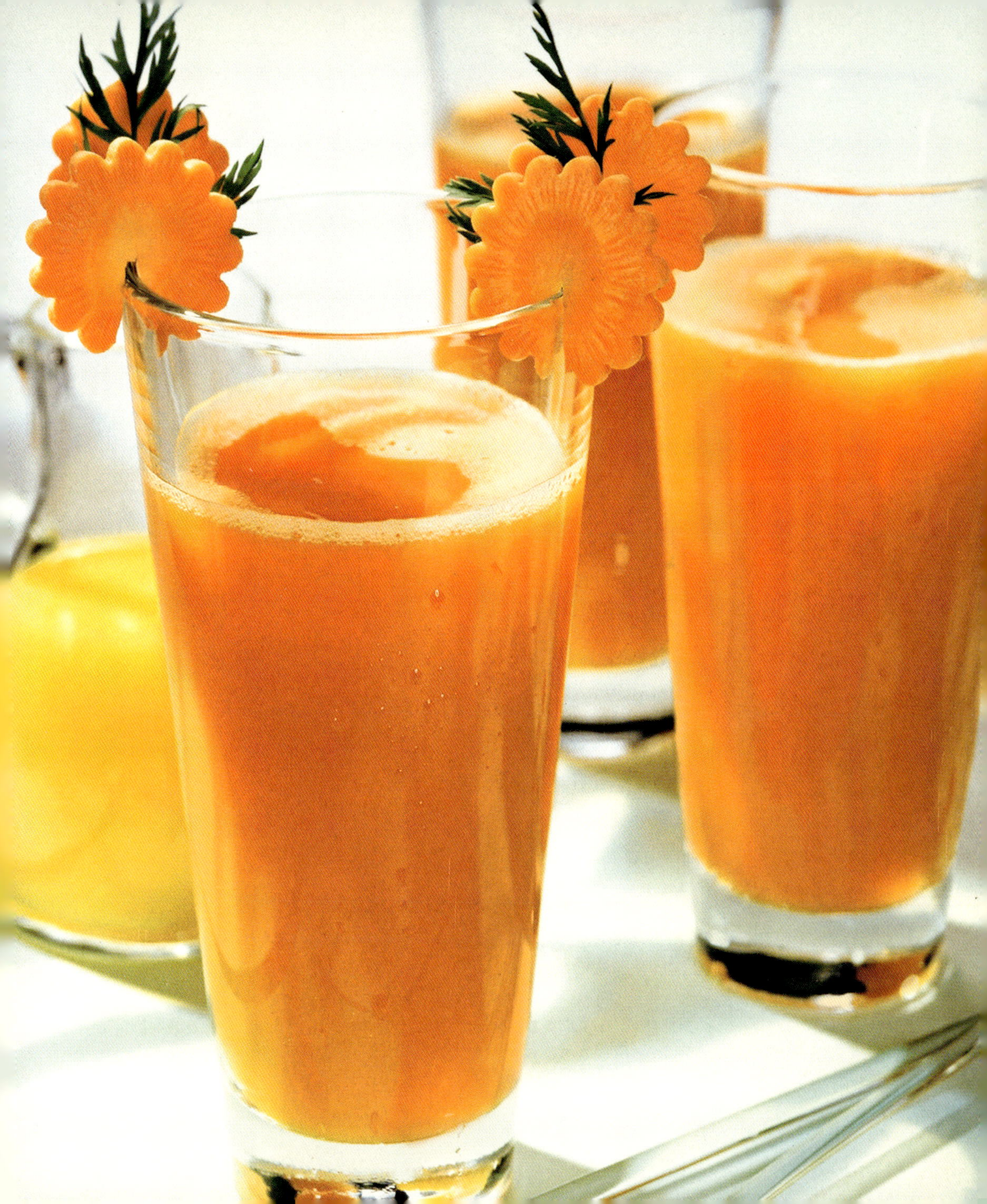

DRINKS & SMOOTHIES AUS GEMÜSE

Pikanter Kartoffeldrink [reich an Vitamin K]

FÜR 4 DRINKS:
400 g Kartoffeln
1 ½ kg Knollensellerie
Selleriegrün
Kräutersalz
1 Msp. Kümmelpulver

> Kartoffeln und Sellerie waschen, schälen und in Stücke schneiden. Selleriegrün waschen und trocken schütteln. Gemüse und Selleriegrün zusammen in den Entsafter geben und zu Saft verarbeiten.

> Kartoffel-Sellerie-Mischung mit Kräutersalz und Kümmel abschmecken. Das Ganze auf die Gläser verteilen und servieren.

> Nährwerte pro Drink:
152 kcal, 638 kJ, 9 g EW, 1 g F, 24 g KH

Kürbissmoothie [ausgefallen]

FÜR 2 SMOOTHIES:
150 g Kürbisfleisch
½ Zimtstange
1 Gewürznelke
4 Stängel Minze
½ l Milch
125 g Joghurt
1 EL Honig
1 Msp. Zimt

> Kürbisfruchtfleisch in Würfel schneiden und in wenig Wasser mit Zimtstange und Nelke weich kochen. Abschütten, das Fruchtfleisch mit dem Schneidstab pürieren und auskühlen lassen.

> Minze waschen, trocken schütteln und grob hacken. Mit dem abgekühlten Kürbispüree in den Mixer geben, Milch, Joghurt, Honig und Zimt zufügen und das Ganze zu einem Drink vermischen.

> Smoothie in Gläser füllen, mit Zimt bestreuen und mit Minzeblättern garniert servieren.

> Nährwerte pro Smoothie:
184 kcal, 773 kJ, 8 g EW, 7 g F, 21 g KH

Spargel-Brokkoli-Drink [Stresskiller]

FÜR 2 DRINKS:
50 g Pinienkerne
350 g Brokkoli
350 g rote Paprika
150 ml Spargelsaft

> Pinienkerne in der Küchenmaschine fein mahlen. Brokkoli und Paprika waschen, putzen, Paprika von Kerngehäuse und weißen Innenhäuten befreien. Gemüse getrennt im Entsafter verarbeiten und 250 ml Brokkolisaft und 300 ml Paprikasaft abmessen.

> Pinienkerne mit etwas Saft verrühren, anschließend die restlichen Säfte dazugeben und das Ganze gründlich vermischen. Drink auf 2 Gläser verteilen und servieren.

> Nährwerte pro Drink:
235 kcal, 983 kJ, 14 g EW, 13 g F, 15 g KH

JUNGE KÜCHE

REGISTER

Ampelcocktail 52
Ananascocktail 62
Aprikosen-Marzipan-Shake 46
Avocado-Tomaten-Smoothie 66

B 52 22
Bananenshake 43
Batida Jumbo 30
Beeren-Kefir-Shake 46
Birnensmoothie 60
Bloody Mary 14
Blue Lady 34
Brandy Alexander 30
Brazil 34
Brombeersmoothie 57

Caipirinha 28
Caipirissima 28
Campari Orange 14
Chi-Chi 28
Cosmopolitan 22
Cuba Libre 10

Daiquiri 14
Daiquiri american 14

Erdbeersmoothie 50
Erdbeer-Vanille-Drink 62

Feigenbowle 54
Fenchel-Zucchini-Drink 74
Frozen Mango Margarita 8
Frozen Margarita 8
Frozen Strawberry Margarita 8
Fruchtbombe 64
Fruchtiger Mangoshake 36

Geeister Zitronencockail mit Gin 4
Gemüsedrink mit Teriyaki 71
Gemüsesmoothie 74
Gin Fizz 18

Gurkendrink 76

Harvey Wallbanger 20
Heidelbeershake 40
Himbeer-Minz-Shake 36
Honigmelonen-Grenadine-Drink 60

Karibischer Zauber 24
KGB 27
Kir Royal 18
Kirsch-Pfirsich-Drink 50
Kirschsmoothie 58
Kiwi-Erdbeer-Bowle 54
Kiwi-Maracuja-Smoothie 52
Kohlmix 72
Kombuchacocktail mit Rum 22
Kürbissmoothie 78

Limoncelloshake 40
Long Island Iced Tea 20

Mai Tai 27
Mangosmoothie 57
Martini Dry 7
Melonen-Kokos-Drink 58
Mint Julep 12
Möhren-Gurken-Drink 66
Möhren-Mango-Smoothie 72
Mojito 7

Orangen-Bananen-Shake 44
Orangencocktail mit Mandeln 50
Orangenflip 7

Papaya-Joghurt-Shake 48
Papayasmoothie 64
Paprika-Sellerie-Drink 68
Pfirsich-Buttermilch-Shake 44
Pfirsich-Rhabarber-Drink 52
Pikanter Kartoffeldrink 78
Pink Daiquiri 14

REGISTER

Rhabarber-Vanille-Shake 48
Rote-Bete-Topinambur-Drink 72
Roter Mojito 7
Roter Sundowner 27

Salza 27
Scharfer Gemüsedrink 76
Schokoshake 44
Singapore Sling 24
Sommerbowle 55
Spargel-Brokkoli-Drink 78
Sparkling Blossom 32
Spinat-Kräuter-Smoothie 71
Spinat-Möhren-Drink 66
Sundowner 27

Tapioka-Erdbeer-Shake 43
Tequila Sunrise I 17
Tip Top 18
Tom Collins 10
Tomatensmoothie 68
Trauben-Grappa-Bowle 55
Tutti-Frutti-Shake 38

Vanilleshake mit Schokoeiswürfeln 38
Viking Melon 32

Wassermelonendrink 57
Whiskey Sour 17
White Russian 12

Zombie 34

Bild- und Textquellen

Titelbild vorne: StockFood; hinten von links nach rechts: Bacardi, Maria Gambino, StockFood
Inhalt: Almond Board of California: 42; alpro soya: 37, 49, 59, 65, 70; Bacardi GmbH: 5, 11, 29; Berentzen-Gruppe AG: 21, 33; Köllnflocken: 39; Landesvereinigung der Bayerischen Milchwirtschaft: 35, 41; Leser/Falken Verlag: 7 (Mitte), 15, 19, 26; Maria Gambino, Basel: 45, 51, 53, 63, 67, 73, 75; Rohner/Südwest Verlag: 13, 31; Schott Zwiesel/Zwiesel Kristallglas AG: 6, 7 (links); StockFood: 7 (rechts), 9, 23, 55 (rechts), 56, 69; The Coca-Cola Company: 16, 55 (links); The Food Professionals Köhnen GmbH: 47; TLC/Falken Verlag: 25, 54, 55 (Mitte); Verband der Deutschen Fruchtsaft-Industrie (VdF): 61, 77